幼儿园

区域自制材料与主题墙面

主　编：黄　芳

副主编：洪　梅　林　珑

编　委：陈友勐　刘淑珍　吴惠兰　吴丽琼

黄　婧　左莲玉　张兰兰　陈丽明

金　鑫　骆雅芬　王媛媛　王　芳

柯宝月　杨瑱宜　许　璐　欧阳慧玲

海峡出版发行集团 THE STRAITS PUBLISHING & DISTRIBUTING GROUP | 福建人民出版社 FUJIAN PEOPLE'S PUBLISHING HOUSE

图书在版编目（CIP）数据

幼儿园区域自制材料与主题墙面/黄芳主编．--福州：福建人民出版社，2014.12（2020.12 重印）
（金教鞭丛书）
ISBN 978-7-211-07057-2

Ⅰ.①幼…　Ⅱ.①黄…　Ⅲ.①幼儿园－环境设计　Ⅳ.①G617

中国版本图书馆 CIP 数据核字（2014）第 263062 号

幼儿园区域自制材料与主题墙面
YOU'ERYUAN QUYU ZIZHI CAILIAO YU ZHUTI QIANGMIAN

主　　编：黄　芳
副 主 编：洪　梅　林　珑
责任编辑：吴梅香
出版发行：福建人民出版社　　电　　话：0591-87533169(发行部)
网　　址：http://www.fjpph.com　　电子邮箱：fjpph7211@126.com
地　　址：福州市东水路 76 号　　邮政编码：350001
经　　销：福建新华发行（集团）有限责任公司
印　　刷：福州报业鸿升印刷有限责任公司
地　　址：福州市仓山区建新北路 151 号
开　　本：787 毫米×1092 毫米　1/16
印　　张：8.5
字　　数：123 千字
版　　次：2014 年 12 月第 1 版
印　　次：2020 年 12 月第 3 次印刷
书　　号：ISBN 978-7-211-07057-2
定　　价：30.00 元

序

区域活动是幼儿园实施素质教育、推动幼教改革的重要教育活动形式，是促进幼儿身心全面发展的重要途径。区域活动的开展必须依赖于具体活动材料来进行。皮亚杰提出“儿童的智慧源于材料”。《幼儿园教育指导纲要（试行）》指出：“幼儿园的空间、设施、活动材料和常规要求应有利于引发、支持幼儿的游戏和各种探索活动，有利于引发、支持幼儿与周围环境之间积极的相互作用。”区域活动的教育价值是附着在材料上的，材料是幼儿区域活动的工具，材料投放是否适宜，是区域活动能否成功的关键因素。

《幼儿园区域自制材料与主题墙面》一书是厦门市瑞景幼儿园开展的厦门市教育科学“十二五”规划2012年度课题“幼儿园区域材料适宜性的研究”的研究成果之一。本书从一个侧面反映了近年来厦门幼教工作者围绕幼儿园区域活动进行深入研究的可喜成绩。

从1993年起，厦门市各级各类幼儿园在幼教业务部门的组织指导下，率先在福建省乃至全国开展了“幼儿园区域活动”的专题研究，并取得了一系列成功经验。区域活动的开展，使厦门市的幼儿园教育真正从以教师为中心、以书本知识为中心、以封闭课堂为中心的状态中彻底解放出来，为幼儿提供了自主选择、自主学习、动手动脑的机会与条件，使幼儿真正成为活动的主体、学习的主体，体现了做中玩、做中学、做中促发展的教育理念。但是，随着幼儿园区域活动的广泛开展，如何投放适宜的区域材料，提高区域活动开展的实效性，又成为广大幼教工作者困惑的问题。

厦门瑞景幼儿园的老师敏捷地发现问题，以既是解决问题又是研究课题的方式在厦门市率先进行了“幼儿园区域材料适宜性”的研究工作。该园的研究团队高度重视，狠抓落实，为此付出了辛勤的劳动。在她们的精心组织、实施下，课题研究工作扎实有效地开展，取得了显著的成效，为厦门市幼儿园区域活动的开展提供了宝贵的经验，作出了积极的贡献。

本书选取的案例、范例，对于幼儿园教师开展区域活动，提高区域活动实效性，真正达到促进幼儿自主学习、自主探索，在与材料的互动中获得知识经验，将起一定的启迪作用。

我们期望厦门市各幼儿园在贯彻《3—6岁儿童学习发展指南》，深化幼儿教育教学改革工作中取得更为丰硕的成果，为构建具有厦门特色的幼儿园课程体系而共同努力！

厦门市教育科学研究院　林秀娟

2014年10月6日

前　言

当我看完这本书的全部书稿后，拉开窗帘，推开窗子，一股清风扑到我的脸上，我不禁舒了口气，连日来的劳累一扫而过，思绪翻腾。眼前的这本小书在我的眼里恰如十月怀胎而呱呱坠地的新生婴儿一般，它凝集着全园教师的心血和期盼。

随着幼教改革的深入发展，区域活动在幼儿园教育活动中的重要地位，已得到幼儿园教师的普遍认同。但如何投放适宜的区域材料，提高区域活动开展的实效性，又成为广大幼教工作者困惑的问题。我园作为一所民转公幼儿园，区域活动才刚刚起步，教师们对区域活动课程的接触也才刚刚开始，因此，对于我园来说，区域材料适宜性的研究具有重要的现实意义。

我园自2012年开展厦门市教育科学“十二五”规划课题——“幼儿园区域材料适宜性的研究”以来，一直坚持“以教带研、以研促教、教研相长”的原则，依托幼儿每日在园的必备环节——区域活动，来思考、研讨、验证区域材料的适宜性问题。整个课题组共分为三个年龄段五大类十五个子课题，每位教师针对自己兴趣、擅长的区域进行研讨。“让所投放的区域材料呈现明确具体的目标性、能激发兴趣的趣味性、可直接操作的操作性、由浅入深的层次性及丰富可变的多样性”一直是我们思考的问题。我们采取的主要研讨方式是“自制材料—投放材料—跟踪观察—发现问题—反思整改—回归实践—行动研究”，在循环往复过程中将区域材料的适宜性研讨演绎成师幼共同成长的故事。

教师们对区域材料投放的理解，从理性到感性，从实践到经验，再从经验回到理论。每份材料的操作都经历了“思考—投放—观察—反思—改进—再投放”的过程，促进了教师观察、反思能力的发展。我们不再坐在会议室里纸上谈兵，而是进区、进班实地研讨。在研讨中实地观察孩子们的反应，记录他们对材料的关注程度，通过现场询问、共同操作等方式，从孩子们最自然的状态中寻找答案。最终我们发现：能引起孩子们的关注、能激起孩子们积极互动的材料就是真正有价值的材料。

在课题的研究工作中，我园全体教师的积极性空前高涨，自身素质也在学习、探索、实践的过程中得到提高，其最显著的变化是人人自觉成为“研究者”，研究成果精彩纷呈。本书选编的是部分教师整理的案例，从一个侧面反映了课题研究所取得的成效。

汇编本书的本意，一是记录，记录我园教师的研究成果；二是交流，通过本书与广大幼教同行切磋、求教。

我们深知我们的水平有限，研究工作也才取得初步成效，我们将继续开展探索研究。此书尽管尚不完美，但就像我们全体教师辛勤孕育的婴儿，我们满怀喜悦祝愿她的诞生，也期望她的成长。

厦门市瑞景幼儿园　黄芳

2014 年 10 月 6 日

目　　录

操作区

语言区

科学区

数学区

美工区

主题探究活动区域墙面创设

操作区

草莓拼盘（小班）

目　标

✲学习摁暗扣，锻炼小肌肉动作。

准　备

∴自制草莓若干、底盘。

玩　法

★拿一颗草莓，将草莓上的凸扣对准底盘上的凹扣，用力往下按，听到“咔”的一声，扣上。

图　示

扣鱼鳞片（小班）

目　标

✲练习配对摁暗扣的动作。

准　备

∴大小不同的暗扣、大小不同的扣子、自制小鱼和鱼鳞片。

玩　法

★将鱼鳞片对准扣子，套住扣子，使扣子在上，鱼鳞片在下。

★将鱼鳞凸扣摁压到小鱼身上对应的凹扣位置上，使其互相扣住。

★能根据扣子及暗扣的大小选择相应的鱼鳞片。

图 示

丰收的果树（小班）

目 标

✲练习粘、摁、扣等动作。

准 备

⁘自制双面果树，苹果、香蕉、梨、樱桃、毛毛虫、蝴蝶等图案。

玩 法

★将蝴蝶、毛毛虫等粘在果树的魔术贴上。

★将苹果、梨等扣在果树的扣子上。

★将香蕉、樱桃等摁压到果树的暗扣上。

★将水果、昆虫等逐一取下，再次操作。

图 示

小手真能干（小班）

目　标

✲练习粘贴、摁扣、扣扣子、拉拉链等动作。

准　备

⁘自制的纸盒立体箱（箱子四面有背景图），小花、葡萄、鱼鳞片、小瓢虫等图案。

玩　法

★将葡萄图案一粒一粒地摁在立体箱的葡萄底图上。

★将小花扣在立体箱的小花底图上。

★将立体箱叶子底图中叶子的拉链拉上。

★将鱼鳞片粘在立体箱的鱼鳞底图中。

★操作小瓢虫，结合立体箱的背景图讲述故事。

图　示

可爱的毛毛虫（小班）

目　标

✲练习依次粘贴魔术贴。

准　备

∴布制的圆圈若干（正反面贴上魔术贴，做成毛毛虫的头和身体）。

玩　法

★将圆圈正反两面的魔术贴对应粘合，连成一只毛毛虫。

★将粘贴好的毛毛虫一个一个解开，放入小篮中。

★反复操作。

★可增加圆圈的颜色，引导幼儿按照颜色有规律地粘贴毛毛虫。

图　示

娃娃穿裙子（小班）

目　标

✽练习在毛根上穿吸管。

准　备

⁘自制瓶娃娃一个，各种颜色小吸管若干。

玩　法

★从篮子里取出一段小吸管，根据吸管的颜色找到相应颜色的毛根并穿进去。

★依同样的方法将篮子里的小吸管逐一穿到相应颜色的毛根上。

图　示

美丽的玫瑰花（小班）

目　标

✽练习卷不织布条。

准　备

⁘不织布条若干、皮筋若干、盒子一个。

玩　法

★将布条卷起来，并套上皮筋，做成玫瑰花。

★将制作好的玫瑰花摆在盒子里，做成各种造型的礼物盒。

图 示

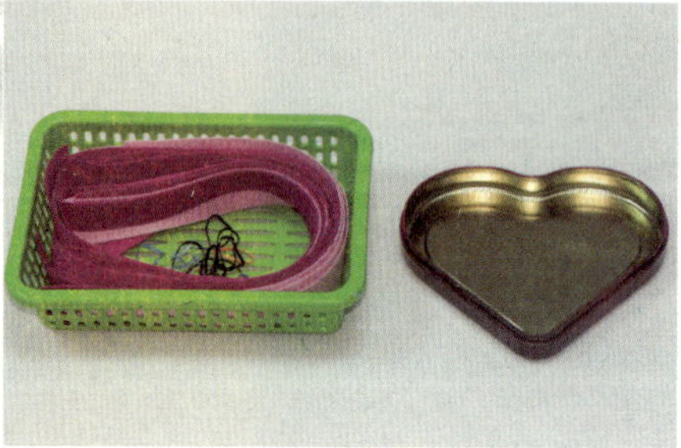

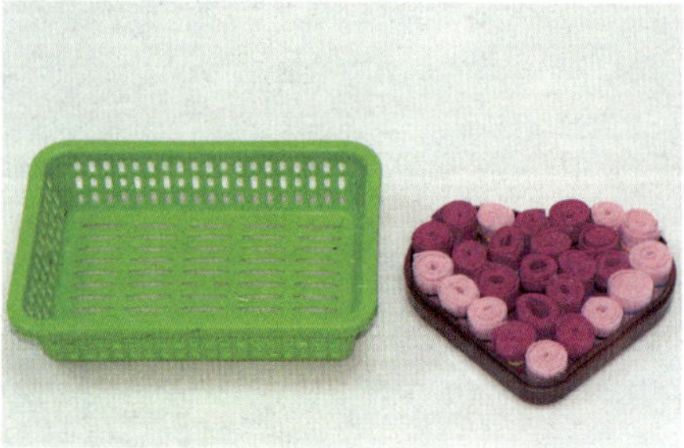

我会插花（小班）

目 标

✽练习穿、插的动作，尝试组合插花。

准 备

✣自制花瓶底座、小花，用吸管制作的枝干。

玩 法

★将小花穿入吸管。

★将穿上吸管的小花插入底座。

★依照同样方法将所有小花插入底座。

★操作结束后，将小花取下，整理好，放回原处。

图 示

串 串 红（小班）

目　标

✲练习在毛根上交替穿花片和套吸管。

准　备

∵小花片、吸管、毛根各若干，花槽一个。

玩　法

★将毛根插在花槽中，当花茎。

★一只手捏住毛根的上端，另一只手将小花片和吸管交替穿过并套在毛根上。

★可按照花片与吸管的颜色进行有规律的排序穿套。

图　示

小 螃 蟹（小班）

目　标

✲练习用拇指、食指、中指配合夹夹子。

准　备

∵自制螃蟹（无脚）、夹子若干。

玩　法

★取出夹子，打开夹口夹在螃蟹的身体两侧上作为脚。

★慢慢提高要求，引导幼儿将夹子按颜色有规律地进行排序。

图　示

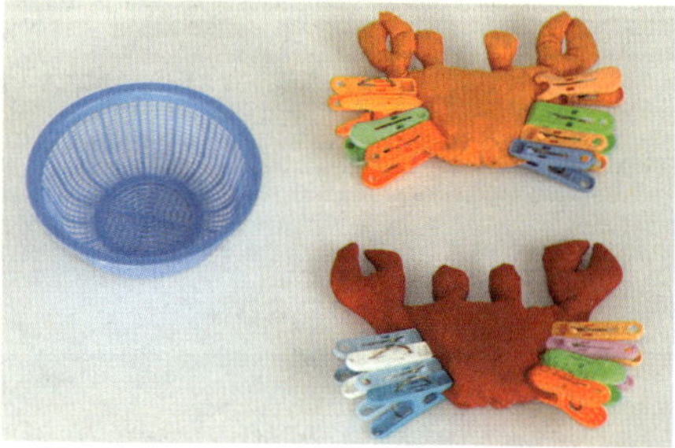

小刺猬穿新衣（小班）

目　标

✲练习用拇指、食指两指配合夹夹子。

准　备

∴自制刺猬底板，各种不同的夹子若干。

玩　法

★任选夹子，用大拇指、食指两指配合打开夹子，对准底板上的孔，将夹子夹在底板上。

★可在刺猬的底板上进行装饰。

图　示

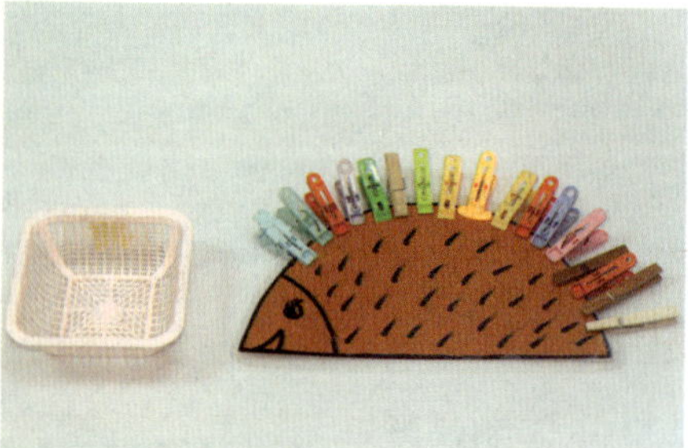

夹球游戏（小班）

目　标

✲练习握夹取放球。

准　备

∴有孔托板一块，大号夹子或餐夹若干，乒乓球若干。

玩　法

★任选大号夹子或餐夹，五指并用夹起乒乓球。

★将夹起的乒乓球放在托板的孔上。

图　示

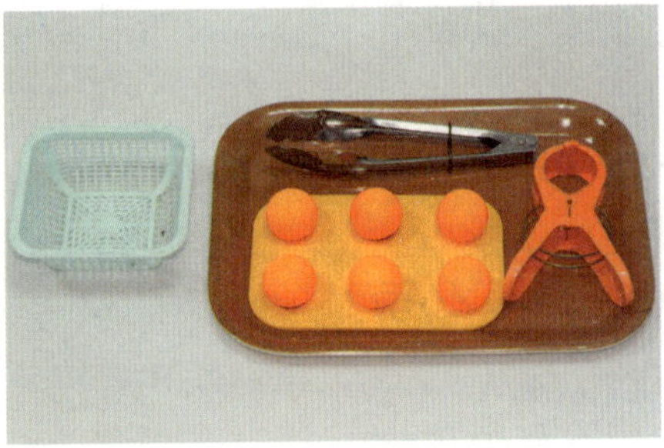

孔雀开屏（小班）

目　标

✲练习用镊子夹细小物品。

准　备

∴孔雀底图、镊子、亮片、亮钻。

玩　法

★用镊子夹一片亮片或亮钻，摆放在孔雀身上相对应的羽毛轮廓上。

★依次进行，直到底图上的羽毛轮廓放满为止。

★操作结束后，将亮片或亮钻一一夹回小筐中。

★尝试左右手交替反复操作。

图　示

鱼鳞亮闪闪（小班）

目　标

✲练习用镊子夹不同大小的亮片。

准　备

∴自制小鱼，大小不同的镊子，亮片若干。

玩　法

★任选大小不同的镊子，夹起亮片，放到小鱼身上相应的位置。

★操作结束后将亮片夹回小筐中。

★尝试左右手交替反复操作。

图　示

美丽的花瓶（小班）

目　标

✲练习夹、放的动作。

准　备

∵镊子、花瓶底图、小花和自制叶片。

玩　法

★观察花瓶底图，找出小花，用镊子摆放到枝干的圆点上。

★找出叶片摆放在合适的位置上。

★依同样方法，将所有的小花和叶片摆放在花瓶底图上。

★操作结束后将小花和叶片夹回小筐中。

★尝试左右手交替反复操作。

图　示

装饰花瓶（小班）

目　标

✲练习旋、拧螺母的动作。

准　备

∵螺丝、螺母、花朵、花蕊、自制花瓶底板。

玩　法

★取出花朵，将花朵中心的孔套进螺丝中。

★取出花蕊，将花蕊中心的孔套进螺丝中。

★取出螺母，用大拇指和食指进行旋转，将螺丝旋转紧。

图　示

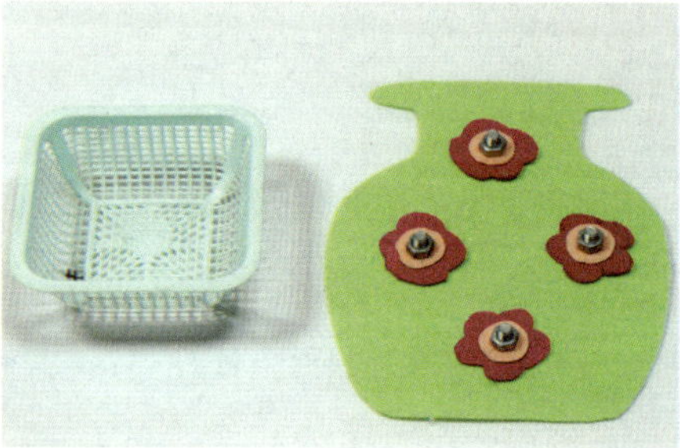

包 糖 果（小班）

目　标

✻练习包、拧糖果的动作。

准　备

⁘糖果纸、糖盒、糖块（绒球，可用莲子、花生、橡皮泥块等代替）。

玩　法

★将糖果纸铺平，把糖块放入糖纸中间。

★将糖块包起来，捏住糖纸的两端拧紧。

★将包好的糖果放入糖盒内。

图　示

小猪呼噜噜（小班）

目　标

✲练习旋不同形状螺母。

准　备

∵两个小猪纸盒、四个螺丝、四个螺母。

玩　法

★找出相对应颜色的螺母，然后开始用大拇指和食指进行旋转。

★依次顺序把小猪鼻子上的螺丝旋转好。

图　示

花儿朵朵（小班）

目　标

✲练习旋瓶盖和粘贴的动作。

准　备

∵自制草地和花儿底板、贴有魔术贴的树叶、大小不同的瓶盖。

玩　法

★选择对应大小的瓶盖，并将其旋转至花蕊的位置（瓶盖内有花瓣数量的提示）。

★将叶片粘贴至相应位置。

图 示

好玩的跳珠（小班）

目 标

✲练习两指抓的动作。

准 备

∵各种颜色的跳珠若干，自制纸盒一个。

玩 法

★用两根手指从左侧的摸箱里抓出一粒跳珠，根据跳珠的颜色找到相应花朵颜色的格子并放好。

★依同样的方法将摸箱里的跳珠逐一找到相应花朵颜色的格子并放好。

图 示

手链串串乐（中班）

目　标

✿练习扣不同种类的扣子。

准　备

∴两端装有不同扣子的各色织布条。

玩　法

★选择自己喜欢的彩色布条并进行组合粘、扣，制作各种彩链。

图　示

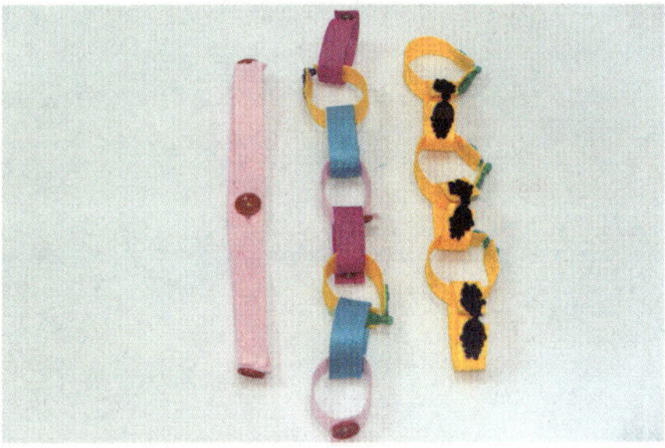

蝴蝶真美丽（中班）

目　标

✿练习正反面穿绳的动作。

准　备

∴自制蝴蝶一只（边缘用打孔机根据需要打出小洞），彩色带子两条。

玩　法

★将带子的一端对准蝴蝶上端的小洞从下往上穿出，并拉紧。

★抓住带子，自上而下穿过邻近的小洞，拉紧绳子。

★操作结束后，再拿出一条带子以同样的方法操作。

图　示

小汽车夹夹乐（中班）

目　标

✲练习使用不同材质的筷子。

准　备

∵自制汽车底板（挖好大小相同小洞的泡沫底板）、不同材质的筷子若干双、珠子、豆子等。

玩　法

★任选一双筷子夹起珠子或豆子放入汽车底板的小洞里，将汽车上的小洞都填满。

★可左右手交替使用不同的筷子。

图　示

给小兔喂食（中班）

目　标

✽练习使用勺子和筷子。

准　备

∴自制小兔一只，勺子、筷子、自制食物（饺子、豆干、丸子、面线、胡萝卜等）若干。

玩　法

★用勺子舀起豆干等食物，送入小兔的口中。

★用筷子夹起面线等食物，送入小兔的口中。

★可左右手交替操作。

★操作结束后，将食物分类放回原处。

图　示

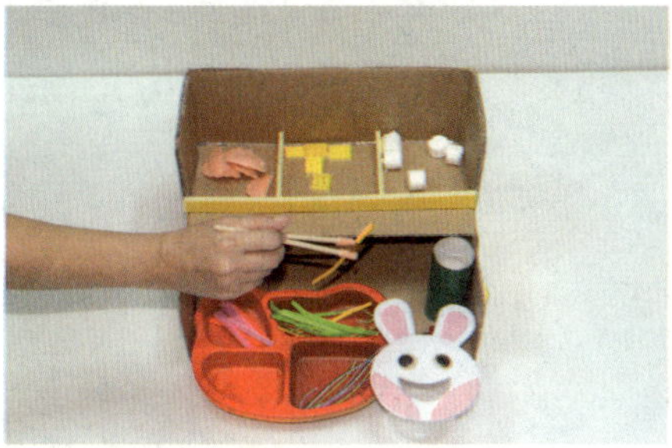

夹玻璃珠（中班）

目　标

✽练习使用筷子夹玻璃珠。

准　备

∴自制底板一个，筷子、红白颜色的玻璃珠若干。

玩　法

★用筷子夹起一个白色的玻璃珠放入底板上的白色瓶盖里，依照同样方法将所有的白色玻璃珠填满白色的瓶盖。

★用筷子夹起一个红色的玻璃珠放入底板上的红色瓶盖里，依照同样方法将所有的红色玻璃珠填满红色的瓶盖。

★操作结束后，将玻璃珠夹回原处。

★可尝试左右手交替使用筷子。

图　示

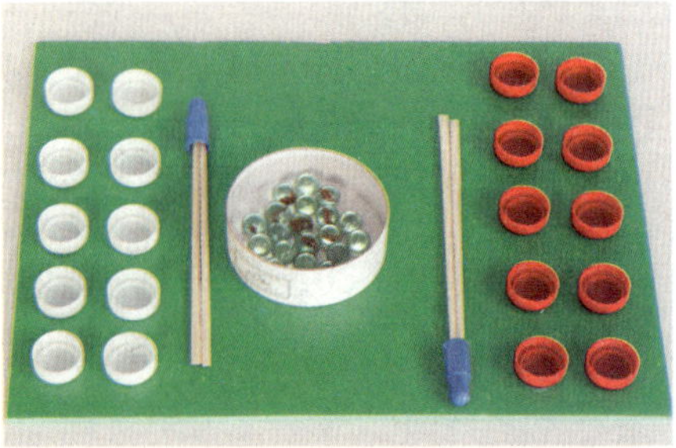

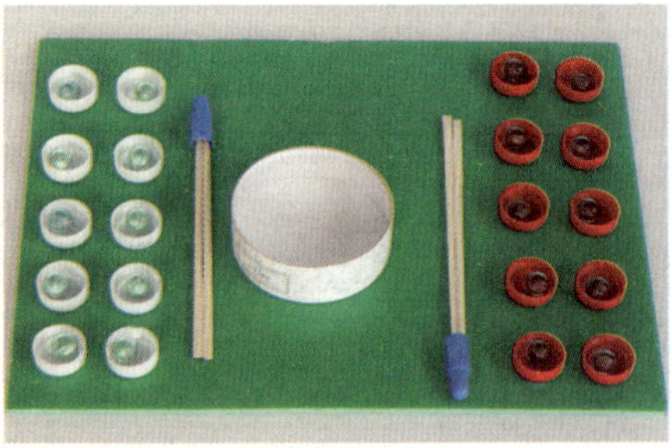

锤　一　锤（中班）

目　标

✲练习握、插、敲的小肌肉动作。

准　备

∴自制小鱼，鳞片、木棍若干，木制小锤一把。

玩　法

★取一片鱼鳞片放在小鱼身上有孔的位置。

★取出一根小木棍插入鳞片的中心。

★用一只手的食指和拇指捏住木棍，另一只手拿锤子，对准棍子轻轻往下敲，直至将木棍牢固钉入底板中。

★运用以上方法，将所有的鳞片分别钉在小鱼身上。

图　示

开 宝 箱（中班）

目　标

✲练习用钥匙开锁。

准　备

∵自制的可上锁的“宝箱”（内置“祝贺你开锁成功”的表格），大小不同的锁（贴有相应钥匙的标记）、配对的钥匙，印章一个。

玩　法

★依据锁上的标记找相应的钥匙，逐一打开“宝箱”上的锁。

★开锁成功后，打开盒子，在“祝贺你开锁成功”表格中找到自己的名字号数，并盖上一个小印章。

★将锁逐一锁在“宝箱”上，反复操作。

★可增加操作难度，取消标记，引导幼儿观察锁与钥匙的大小、颜色、形状及齿形，通过尝试，打开相对应的锁。

图　示

有趣的路线（中班）

目　标

✲能操作底板，将小珠滚入中间的停车场标志中。

准　备

∴吸管制成的底板、玻璃珠。

玩　法

★将玻璃珠放在底板的汽车上，作为起点。

★根据路线轻轻晃动底板，使玻璃珠能滚入停车场标志中。

★尝试探索使玻璃珠顺利到达停车场的路线。

图　示

我会缝衣裳（大班）

目　标

✲练习正反面穿带子和别别针的动作。

准　备

∴自制衣服模型，两条不同颜色的带子，别针若干，心形图案两个。

玩　法

★对齐叠放两份相同的衣服模型，将带子的一端对准衣服上端的小洞从下往上穿出，并拉紧。

★抓住带头，自上而下穿过邻近的小洞，拉紧带子。

★穿完一条带子，再用另一条带子依次从下往上穿出，进行颜色配对。

★观察别针的开关口，用双手大拇指和食指按压别针，将别针打开，穿进洞里并别好。

★用心形图案装饰衣服。

图　示

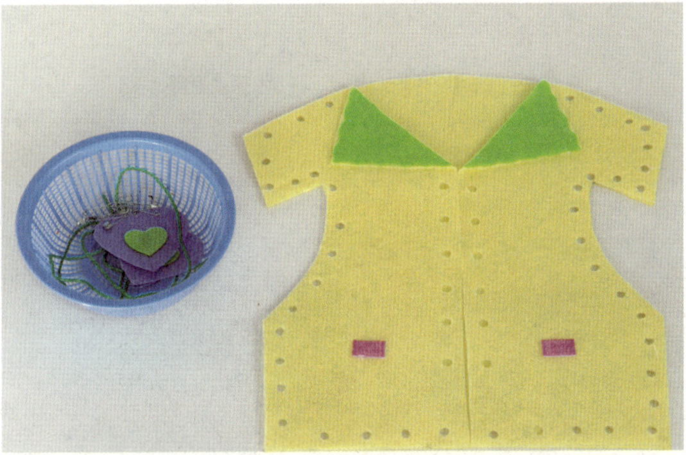

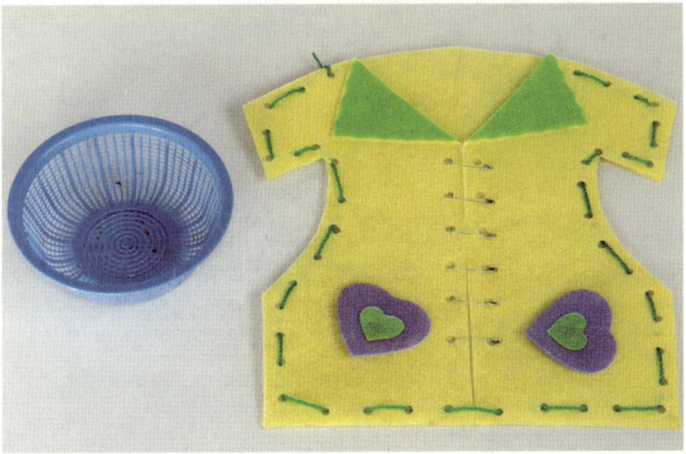

钉 钉 乐（大班）

目 标

✲练习摁压图钉的动作，提高手眼协调能力及配对能力。

准 备

⁘自制汽车底板一个、不同颜色的图钉若干。

玩 法

★用大拇指将图钉摁压到汽车轮廓上，图钉要牢固地钉入汽车轮廓的底板中。

★运用以上方法，将各色图钉分别钉在汽车轮廓上。

图 示

筷子搭高楼（大班）

目　标

✲用筷子按照底图进行叠高搭建。

准　备

✣筷子若干，底图板。

玩　法

★选择底板，然后拿起筷子，将其按照底图的形状进行层叠搭高。

★可用竞赛的形式，两人比赛看谁搭得高。

图　示

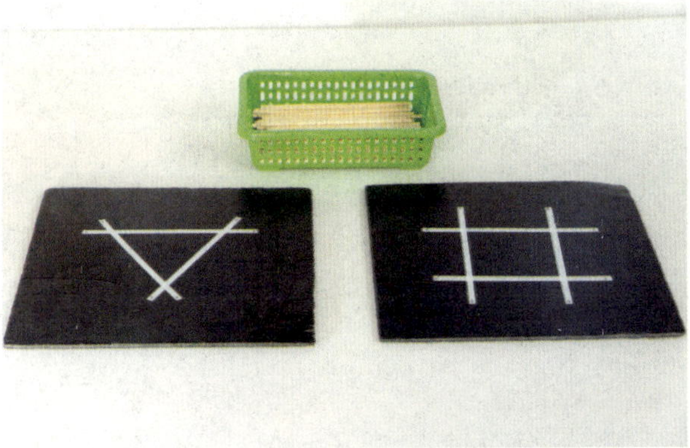

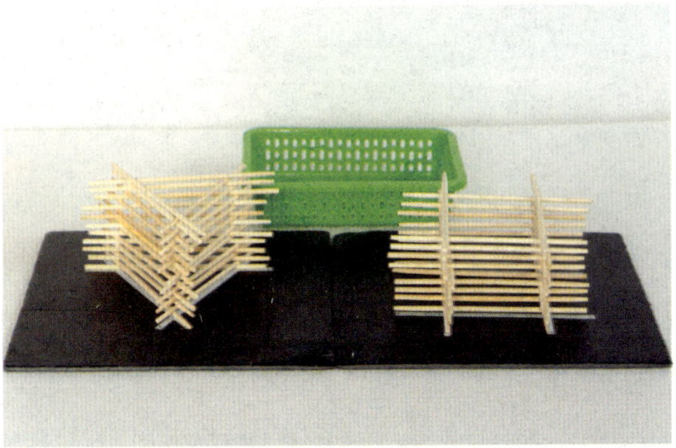

装饰纸盘（大班）

目 标

✲练习双手打孔、打结的动作。

准 备

∴纸盘、各种颜色的毛线、打孔机。

玩 法

★用打孔机在纸盘的边缘打洞。

★用各色毛线依次穿过纸盘的洞，在头尾连接处打结。

图 示

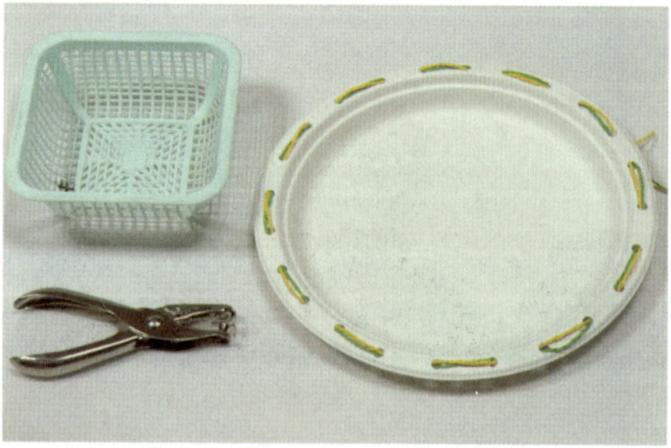

语言区

句型练习板：我会说（小班）

目　标

✲能用“红红的××”“黄黄的××”“蓝蓝的××”“绿绿的××”等句式进行表述。

准　备

✣蓝色摸袋、绿色摸袋、海底背景图、草地背景图，绿绿的海草、蓝蓝的水母、黄黄的海星、绿绿的山、黄黄的花、红红的花等粘贴图片。

玩　法

★先选择一个背景图（海底或草地）。

★如选择海底背景图就从蓝色摸袋里摸出一张图片（如海草），然后看一看说一说：“海里有绿绿的海草。”幼儿边说边把摸袋里所有的图片贴在海底的背景图上，最后组成一幅漂亮的海底世界。

★如选择草地背景图，就从绿色摸袋里摸出图片，边说边贴在草地上，组成一幅漂亮的图画。

图　示

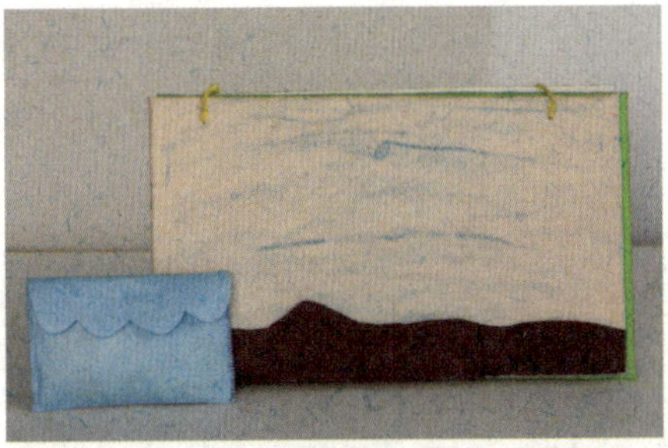

句型练习板：我在做××（小班）

目　标

✽能用"我在做××"的句式进行表述。

✽能分辨不同的场景。

准　备

✧自制相框、用幼儿照片做成的操作杆。

玩　法

★在图片上人物头像的镂空部，用操作杆贴上幼儿的照片。

★根据图片的场景练习句式：我（××）在做××。

图　示

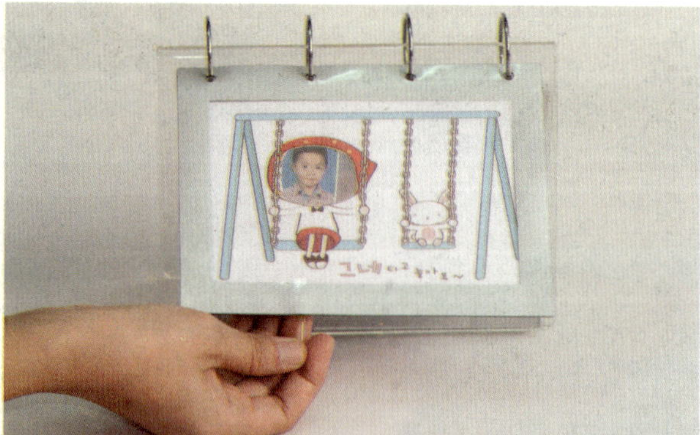

句型练习板：小动物喜欢吃××（小班）

目　标

✽了解不同小动物喜欢吃的食物。

✽能用“××喜欢吃××”的句式进行表达。

准　备

✣自制不织布小动物、食物和底板。

玩　法

★将小动物所吃的食物贴从底板上撕下。

★根据不同小动物喜欢吃的食物，将食物粘贴在对应的盘子里，并练习表达“××喜欢吃××”的句式。

图　示

操作讲述盘：小猪变干净了（小班）

目　标

✽能够根据故事情节操作小动物棍偶，讲述故事。

准　备

✣自制不织布故事情境盒子、小动物棍偶。

玩 法

★将小动物棍偶根据故事情节顺序摆放好。

★根据故事情节讲述故事。

立体书：谁会爬？（小班）

目 标

✲能口齿清楚地朗诵儿歌。

✲尝试进行儿歌创编。

准 备

⁘有草地、小河、天空背景的立体书，小虫、蚂蚁、小鱼、乌龟、小鸟、蜜蜂等图片。

玩 法

★可以将背景操作图平铺在桌面上，边操作边朗诵或创编儿歌。如：轻轻掀开白云，白云里藏着一只小蜜蜂，说：“谁会飞？蜜蜂会飞。蜜蜂蜜蜂怎样飞？扑扑翅膀往前飞。”

★可将背景图折叠成三角体，站立在桌子上，三个面都有图案，可以转动三角体，依次来朗诵和创编儿歌。

图　示

句型练习板：有××，有××，还有××（中班）

目　标

- 用说出不同种类鞋子的名称。
- 能用“有××，有××，还有××”的句式进行表达。

准　备

- 摸箱一个，里面放有各种各样不同类型的鞋子，如凉鞋、高跟鞋、靴子、拖鞋、运动鞋等；自制鞋店一间（店铺里面有两层鞋架）。

玩　法

★从摸箱里摸出鞋子，说出鞋子的名称，放在鞋店的架子上。

★摸了三次以后，完整说出“鞋店里有××，有××，还有××”。

图　示

旋转故事筒：想飞的小象（中班）

目　标

✲边操作边讲述，掌握句型：我不会飞，可是我会×××。

准　备

∴故事《想飞的小象》图片一套、纸箱、纸卷芯。

玩　法

★转动右边的滚轴，让图片往右边滚动。

★按照顺序说一说每张画面的内容。

图　示

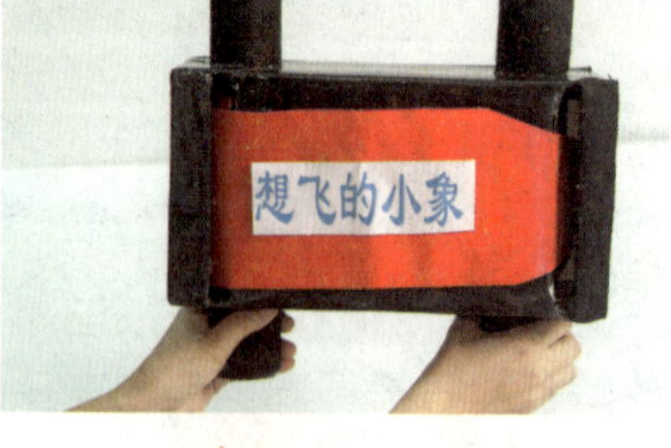

操作讲述盘：小猪盖房子（中班）

目　标

❉能根据《三只小猪》的故事情节发展边操作材料边讲述。

准　备

∵操作台，草房、木房、砖房各一座，猪妈妈、三只小猪及大灰狼。

玩 法

★先按照自己的意愿在操作台上布置场景。

★按故事的内容边操作材料边讲述。

图 示

操作讲述盘：三只蝴蝶（中班）

目 标

✲能简单复述故事内容，边操作材料边讲述。

✲熟悉并掌握“我们三个好朋友，相亲相爱不分手”等句型。

准　备

∵用不织布做成的红、白、黄三只蝴蝶，红花、白花、黄花、草地，操作讲述台。

玩　法

★从盘中取出材料，并在操作讲述台按自己的意愿摆好。

★把三只蝴蝶套在手指上，边操作边讲述故事。

图　示

操作讲述盘：三只小鸡（中班）

目　标

✲能根据故事的进展边摆放边复述故事。

✲熟悉并掌握三只小鸡与牛伯伯的对话。

准　备

∴用不织布做成的三只小鸡和牛，操作讲述台。

玩　法

★根据故事内容自由布置场景。

★按照故事发展顺序依次摆放三只小鸡，边摆放边复述故事内容。

图　示

立体书：商店（中班）

目　标

✲通过看看、说说、摆摆，认识服装店、玩具店、水果店等商店。

✽掌握句型：××商店里有×××。

准　备

∵用布缝制的手工立体书，放图片的盒子。

∵图片：各种不同款式的鞋子；各种不同款式的衣、裤、裙；各种不同品种的饮料；各种不同品种的水果；各种不同的玩具。

玩　法

★把立体书打开站立。

★取出盒子里的图片，把图片按照鞋店、玩具店、服装店、饮料店、水果店分类。

★说一句完整的话：××商店里有×××（如“服装店里有裙子”）。

图　示

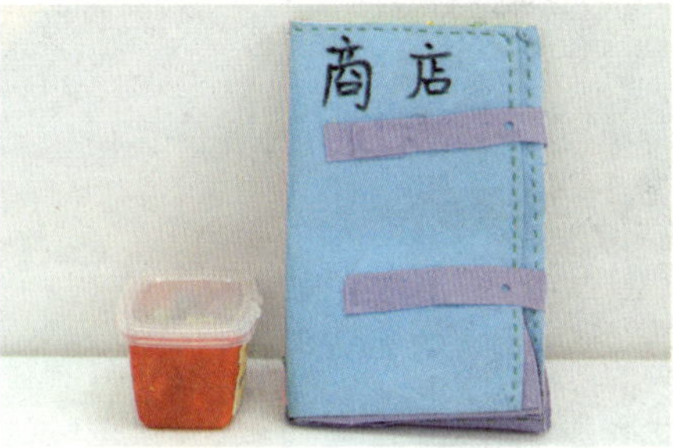

立体书：　滴答雨（中班）

目　标

✽能边操作边用清楚、连贯的语言完整地讲述故事内容。

准　备

∵指偶（小黄鸭、小老鼠、小乌龟），布做成的自制书，小道具（叶子、西瓜、水坑）。

玩　法

★翻开立体书，按故事的情节发展和场景提示，在不同颜色的场景上进行操作讲述。

★操作指偶、道具，按故事内容进行讲述。

图　示

故事毯：龟兔赛跑（大班）

目　标

✲熟悉《龟兔赛跑》的故事。

✲尝试在故事毯上进行合作创编。

准　备

∴用不织布制作的故事毯，自制的乌龟、兔子、羊、猴、熊猫等动物，红旗一面。

玩　法

★第一种玩法：打开故事毯，两三名幼儿合作，把小动物摆在故事毯上，按照故事内容开始讲述。

★第二种玩法：两名幼儿可以随意更改故事内容、故事结尾进行创编。

★第三种玩法：幼儿可以把美工区自制的动物当作故事的角色加进去，在故事毯上操作，自由创编新故事。

图　示

操作讲述盘：小蝌蚪找妈妈（大班）

目　标

✻通过操作讲述，理解故事内容，了解小蝌蚪找妈妈的过程。

✻能够用完整连贯的语言清楚表达自己的意思。

准　备

∴用盒子制作的池塘操作盘，蝌蚪、鱼、鸭、鹅、乌龟、青蛙等小动物图片，吸管若干。

玩　法

★把盒子竖起来操作，左手将小蝌蚪套进食指或中指，动一动手指，小蝌蚪就开始在池塘里游来游去。

★右手拿着用吸管粘住的各种小动物（如：鱼、鸭、鹅、乌龟、青蛙），按照故事中角色的出场顺序，把小动物从盒子上方的长方形孔穿进去，动一动吸管，这只小动物就开始在池塘里游来游去。

★小动物开始和小蝌蚪对话，边操作边进行完整讲述。

图 示

操作讲述盘：小小皮影戏（大班）

目 标

✻学习在皮影台上操作皮影道具并进行故事讲述。

✻尝试在皮影台上用动物手影进行故事创编。

准 备

∴皮影人物、动物若干，幼儿自己绘制的故事读本，手影模拟图若干，手电筒，幼儿自制皮影道具等材料。

玩 法

★根据幼儿自己绘制的故事读本，利用各种皮影人物、动物、树等道具进行皮影戏表演。

★根据教师提供的手影模拟图，在幕布后进行动物模拟，可由两三名幼儿共同协作完成故事创编。

图 示

科学区

找 影 子（小班）

目 标

✲对影子感兴趣，观察并探索影子现象。

准 备

∵各种昆虫的图片及相对应的影子底图、实验操作架、手电筒。

玩 法

★将蝴蝶图片放在实验操作架上。

★用手电筒对着图片照射，观察蝴蝶的影子。

★能根据观察到的影子在影子底图上找出蝴蝶的影子。

★依照上面的方法找出其他昆虫的影子。

图 示

磁铁走迷宫（小班）

目 标

✲认识磁铁吸铁的特性，初步感知磁铁两极“同极相斥，异极相吸”的特性。

准 备

∵迷宫底板、磁铁米奇头像、条形磁铁。

玩　法

★将迷宫底板拿在手上。

★将磁铁米奇头像放在起点上，条形磁铁置于操作板下，让条形磁铁与米奇头像隔着底板上下相吸。

★上下磁铁相吸闯过障碍走出迷宫，到达终点。

图　示

暗箱里找叮当（小班）

目　标

✽感知手电筒的光透过小孔能使黑暗的箱子变亮的现象。

准　备

∴手电筒、暗箱。

玩　法

★将暗箱拿在手上。

★双眼从暗箱前两个小孔看进去。

★打开手电筒朝右侧小洞照进暗箱中，找找大叮当猫有几只、小叮当猫有几只。

图　示

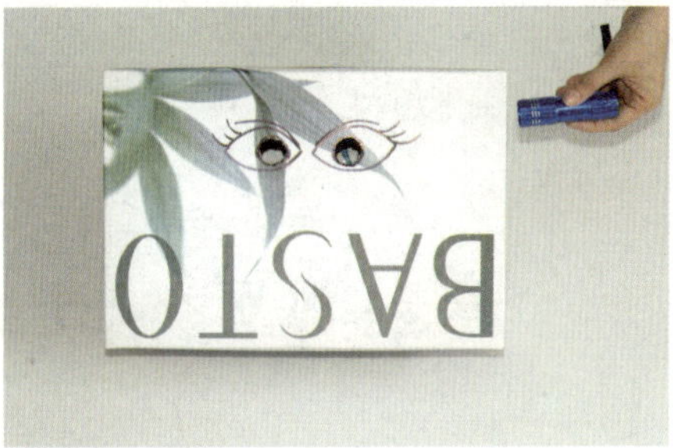

神奇的磁铁盒（中班）

目　标

✽认识磁铁吸铁的特性。

准　备

∴磁铁盒（内装铁夹子、不织布、瓶盖、开心果、回形针、木头、吸管、石头纸片），U 形大磁铁。

玩　法

★将磁铁盒放在桌面上，先观察磁铁盒里的物品，猜猜看磁铁能够吸住哪些物品。

★拿出 U 型大磁铁在磁铁盒上的每个格子行走一遍，看看 U 型大磁铁吸住了什么。

图　示

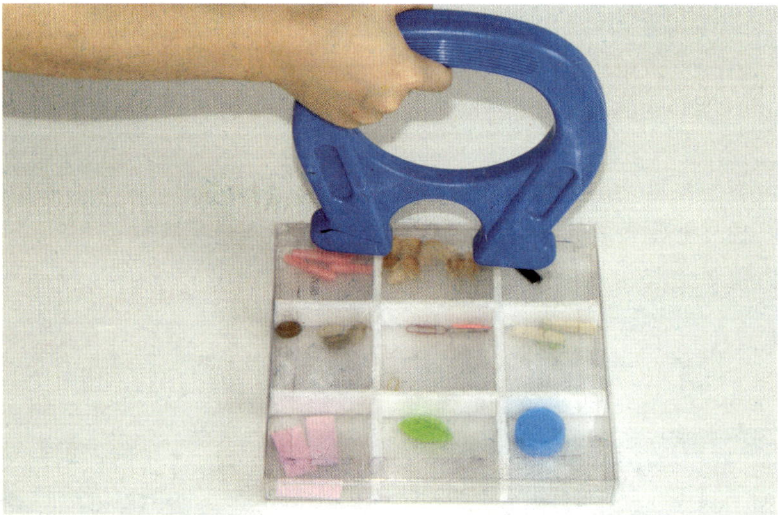

看到哪里，走到哪里（中班、大班）

目　标

✲能够手眼协调地操作材料，体验科学游戏的乐趣。

准　备

∵操作底板、小箭头。

玩　法

★将操作板平放在桌面上。

★从起点出发，视线沿着小动物眼睛看的方向移动，并配上小箭头，走到最后看看找到的是哪只小动物。

★可以选择不同动物作为起点，看结果是否一样。

图 示

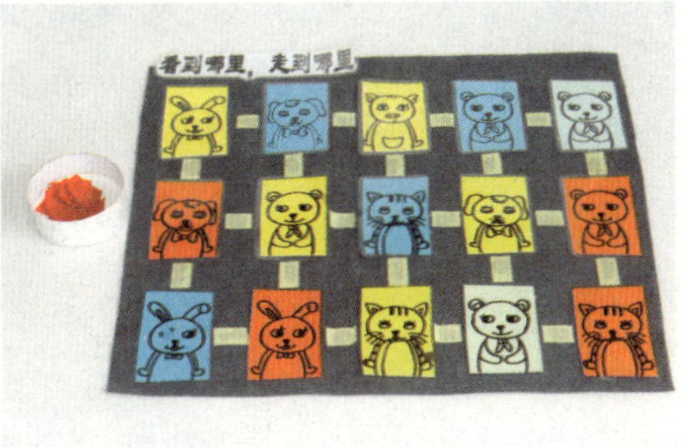

光 与 影（大班）

目 标

✲乐意对影子现象进行探索，初步了解光源远近与影子大小变化的关系。

准 备

✣观察操作台、动物剪纸卡片、手电筒、记录单。

玩 法

★将卡片一一放在观察操作台的透明薄膜上。

★用手电筒对着图片照射，先近距离照射，再远距离照射，观察动物影子的变化。

★将观察到的影子的变化情况记录下来。

图 示

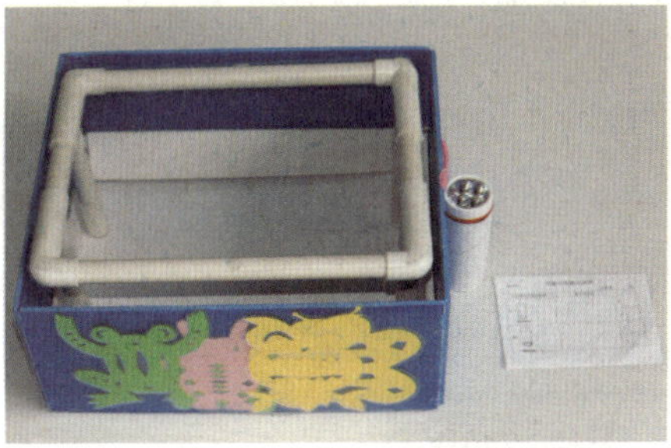

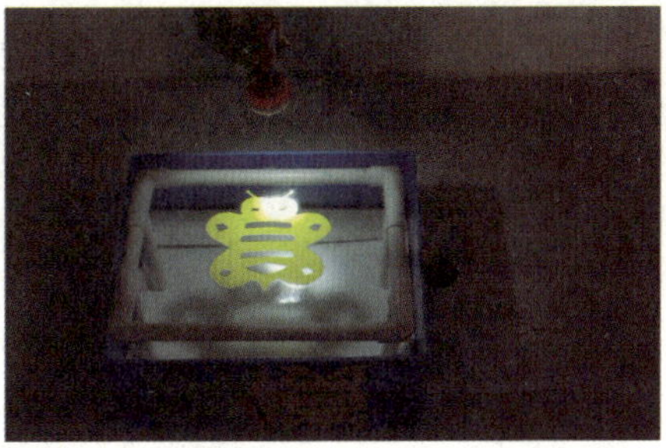

导　电（大班）

目　标

✽了解金属类的材料能导电，塑料、布类等材料不导电。

准　备

✣电磁、金属、布类、塑料、皮筋、小灯泡、电线、操作台、步骤图等。

玩　法

★两名幼儿合作操作，取出自制的小积木导电操作台。

★用电池、小灯泡在操作台上连接串联电路。

★将钥匙、皮筋、回形针等材料依次放置于串联电路上。

★观察小灯泡是否发亮，并做好记录。

图　示

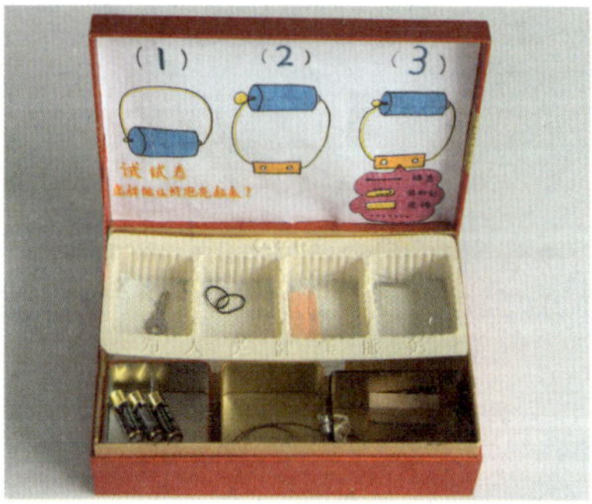

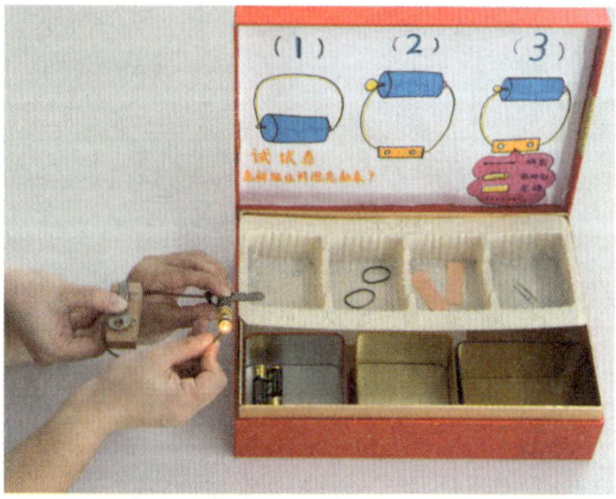

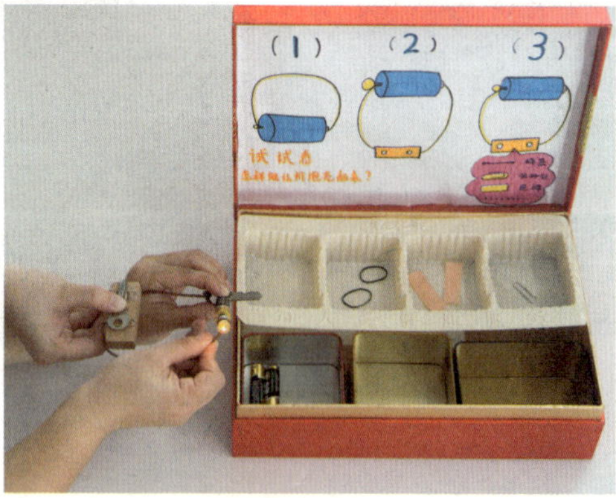

找平衡点（大班）

目　标

✲知道每一个物体都有一个平衡点，并能通过操作寻找卡片上的平衡点。

准　备

⁘标好点的正方形、三角形和长方形图片，支点瓶。

玩　法

★将不同形状的卡片上标着的“1”“2”“3”的圆点分别放在支点瓶上。

★找出能使卡片不掉下来、保持平衡的那个点。

★将平衡点的号数记录在记录单上。

图　示

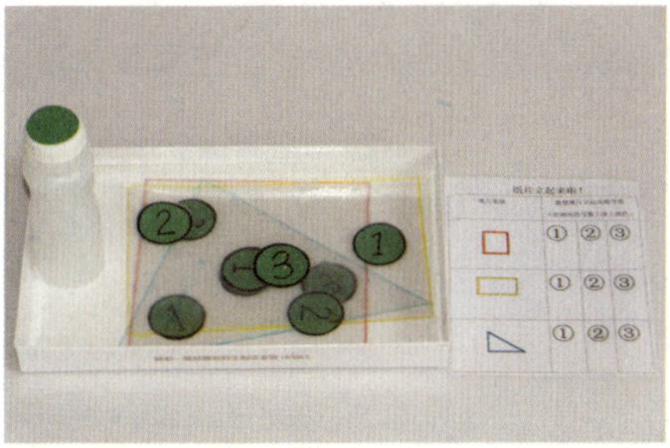

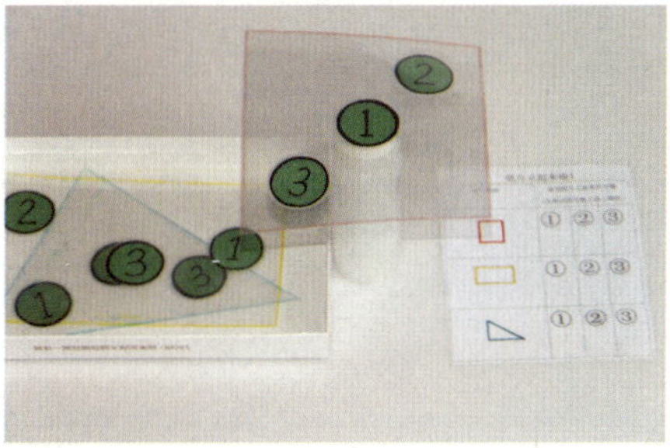

有趣的小木架（大班）

目　标

✲积累有关转动的经验，了解转动是运动的一种方式。

准　备

⁘小木架、长条形塑料片。

玩 法

★把小木架拿出来。

★把长条形塑料片放在木架底部橡皮筋处。

★转动塑料片，直到整根橡皮筋扭曲至不能转动。

★将小木架放在水池中，塑料片转动，推动小木架像小船一样往前行走。

图 示

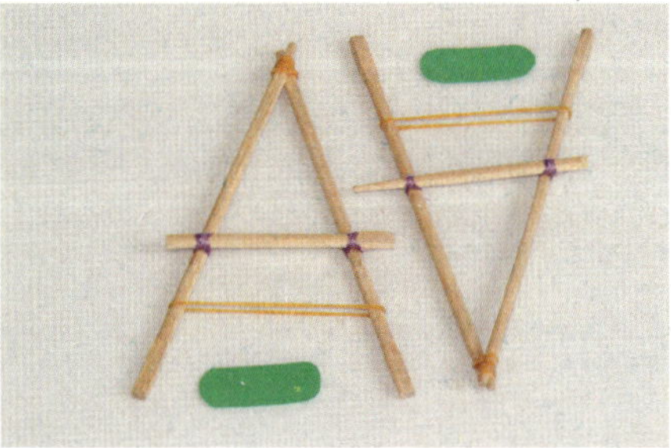

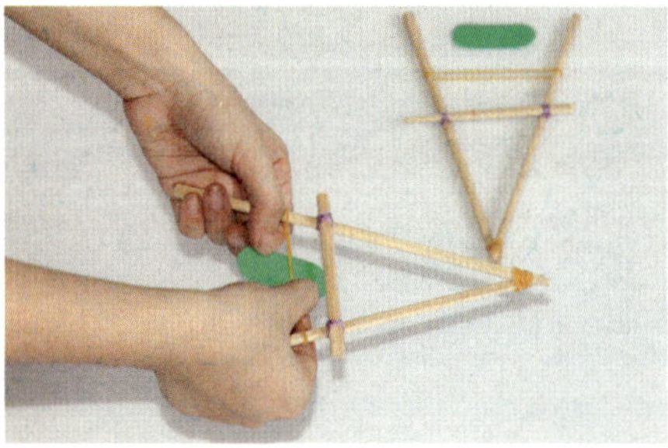

螺 旋 桨（大班）

目 标

✲对螺旋桨旋转的现象感兴趣，能根据示意图组装螺旋桨。

准 备

∴皮筋、纸筒、回形针、旋转薄片、吸管。

玩 法

★取出制作螺旋桨的材料。

★观察示意图，按步骤组装螺旋桨。

★抓住顶部连续转动吸管若干次后放手，让螺旋桨转起来。

图　示

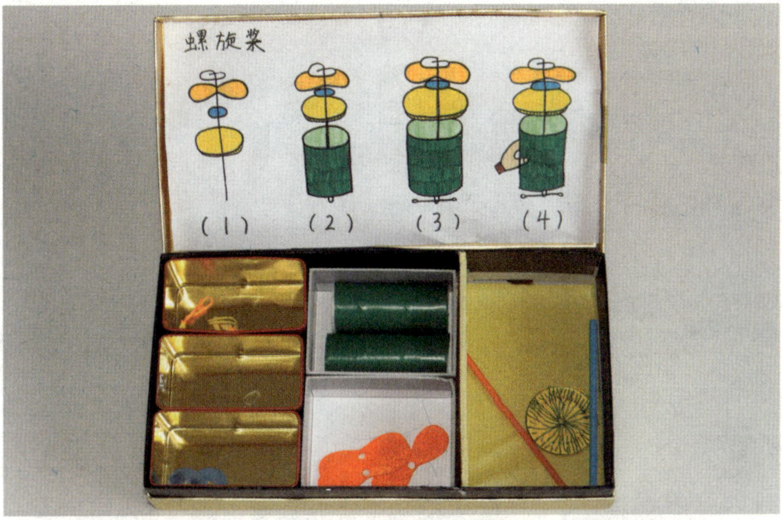

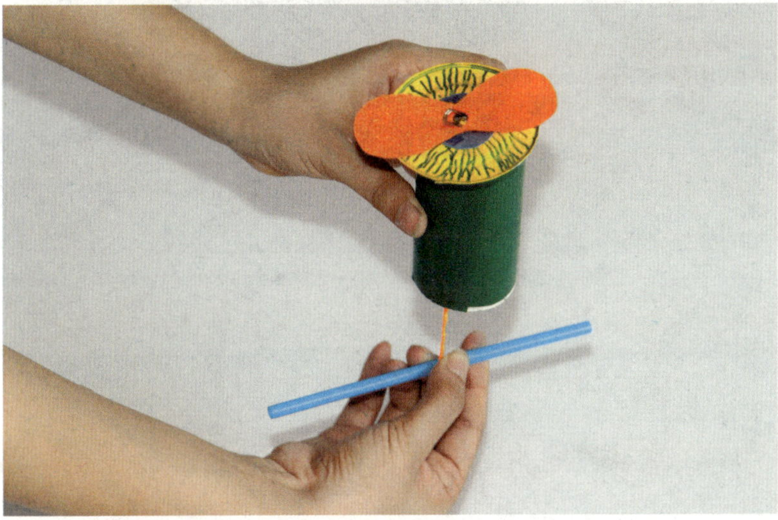

半个变一个（大班）

目　标

✲了解镜子成像的特性。

准 备

∵方形镜子、半面物品图片、操作单、记号笔。

玩 法

★将操作底图平放在桌面，取一面镜子竖立在底图上，观察镜子中变出的另一半底图。

★将看到的镜子成像用记号笔画在操作单上。

图 示

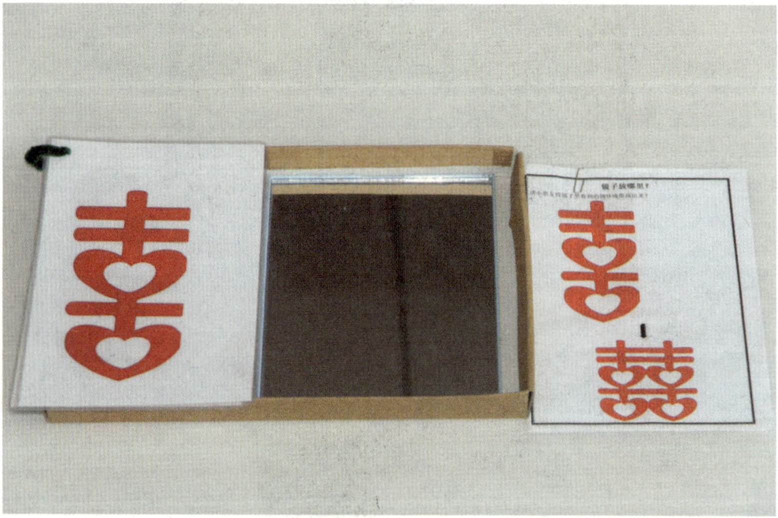

数学区

树叶上的瓢虫（小班）

目　标

✲根据 5 以内的指定数量取出相等数量的物体。

准　备

∵5 张自制树叶、25 只自制瓢虫。

玩　法

★任意取一张树叶，根据树叶上标的数字总数取瓢虫。

★将瓢虫放在树叶相对应的点上。

图　示

装 薯 条（小班）

目　标

✲按数取物，感知 5 以内的数概念。

准　备

∵自制薯条若干，薯条盒子五个。

玩　法

★观察薯条盒子上的数字，根据数字装入相等数量的薯条。

图　示

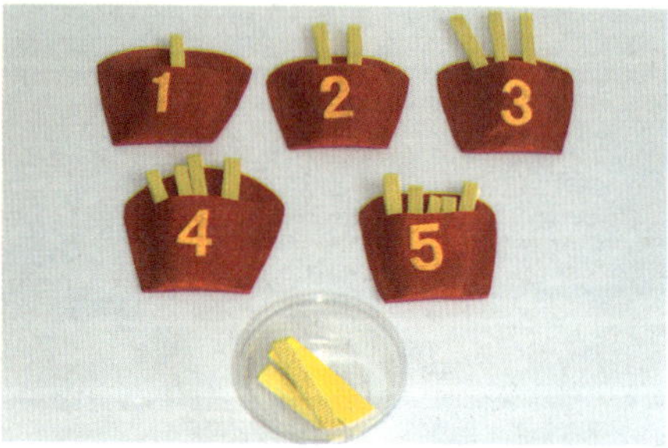

钓　鱼（小班）

目　标

✽点点对应，感知 5 以内的数。

准　备

∵标有点的各色小圆卡，标有点的各色鱼，钓鱼竿一根，自制鱼塘盒子。

玩　法

★用钓鱼竿从鱼塘中钓起一只鱼。

★观察鱼的颜色和身上的点，找到相同颜色和点数的小圆卡。

★将鱼钩在相应的小圆卡上。

图　示

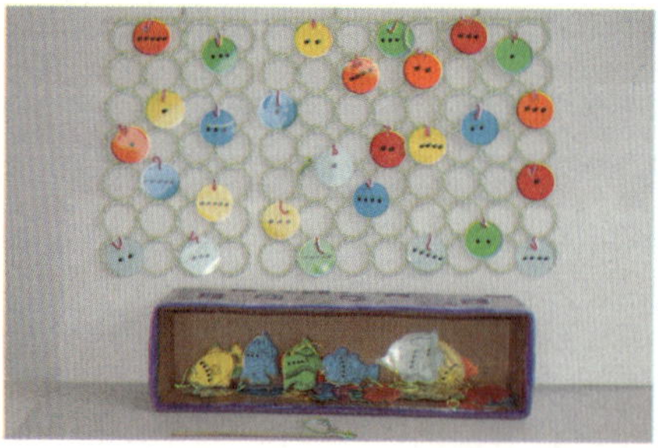

分食物（小班）

目　标

✽比较大小，为大小不一的小动物寻找相匹配的食物。

准　备

∴三只大小不一的动物和三个大小不一的盘子的底图，三种大小不一的食物。

玩　法

★观察食物的大小，根据动物的大小为动物分食物。

图　示

比大小（小班）

目　标

✽认识并区分物体的大小。

准　备

∴有两个树洞的树一棵，贴有大、小猴子和大、小老鼠的图片的分类盒，大食物和小食物。

玩 法

★按标志将左手伸进树洞掏出食物，按食物的大小分给大、小老鼠。

★按标志将右手伸进树洞掏出食物，按食物的大小分给大、小猴子。

图 示

小蚂蚁回家（小班）

目　标

✽巩固对三角形、圆形、正方形的认识。

准　备

∵立体蚂蚁一只，房子两座，三角形、圆形、正方形卡片若干，画有各种形状的地图一张。

玩　法

★观察地图，从盒子找出相应的形状卡片放在对应的图形上面，为小蚂蚁铺上到新家的路。

★帮小蚂蚁将物品搬到新家。

图　示

图形分类（小班）

目　标

✽了解圆形、三角形、方形的主要特征，尝试排除大小、颜色的干扰进行图形分类。

准　备

✧摸箱一个，圆形底版三个，不同颜色及大小的圆形、三角形、正方形各五个。

玩　法

★从摸箱里取出一个形状。

★根据取出的形状放到相对应的圆盘上。

图　示

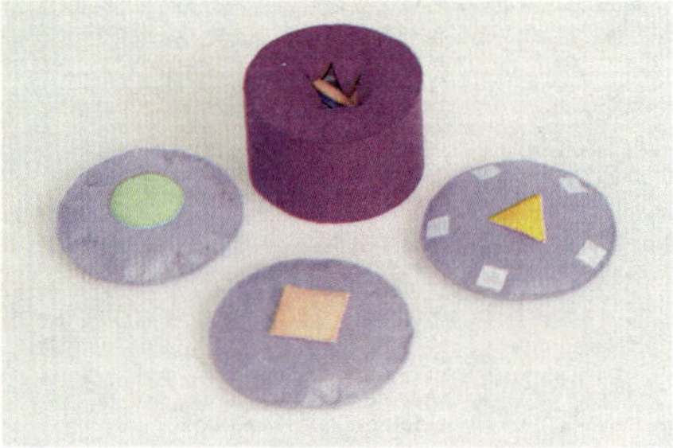

按颜色排序（小班）

目　标

✻尝试按“ABAB”的规律给夹子排序，感知物体排序的规律美。

准　备

✧各种颜色的夹子、提示卡、皇冠带。

玩　法

★选择提示卡观察规律。

★按提示卡的规律，把夹子夹在皇冠带的顶点上进行排序，并用语言介绍自己是按什么规律排序的。

★排序完成后将其变成皇冠戴在头上。

图　示

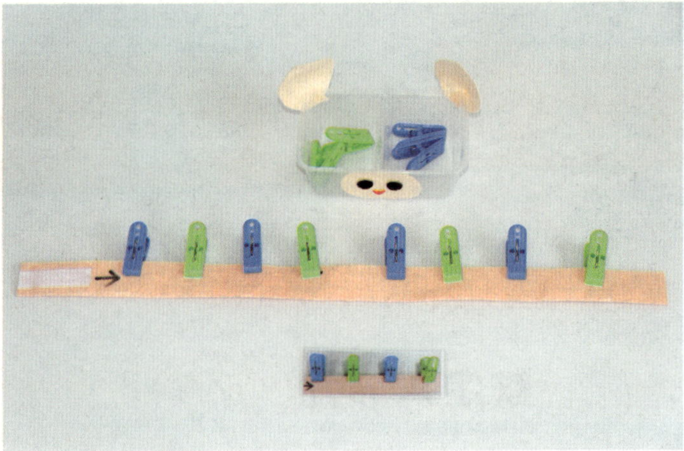

开锁探宝（中班）

目　标

✲能用点数的方法寻找对应的钥匙开锁。

✲能按指令卡做相应的动作，巩固 10 以内的数概念。

✲感受数学在生活中的作用。

准　备

∴用不织布做的房子 1 栋，上面有 5 个可以打开的门，门上有扣眼。

∴5 把分别贴有“5”“6”“7”“8”“9”点数的锁，5 把标有“5”“6”“7”“8”“9”不同数字的钥匙。

∴5 张幼儿自己画的动作指令卡（存放于相应房间内，由幼儿开锁寻找）。

玩　法

★根据锁上的点数，寻找与之对应数量的钥匙开门。

★开门，取出里面的小卡片，根据小卡片上的内容指示，做相应的动作。

★锁门。

图　示

数字大转盘（中班）

目　标

✲能辨认 1～10 的数字，尝试进行数量配对。

准　备

∴三个圆形叠加制作的可转动同心转盘一个，活动的小圆点若干，1～10 的数字卡；1～10 的数量的实物图，固定贴在转盘最外圈。

玩　法

★根据外圈上的实物数量，取相应的数字贴在绿色圆圈上。

★根据绿色圆圈上的数字，取相应的活动小圆点贴在最里圈的转盘上。

图　示

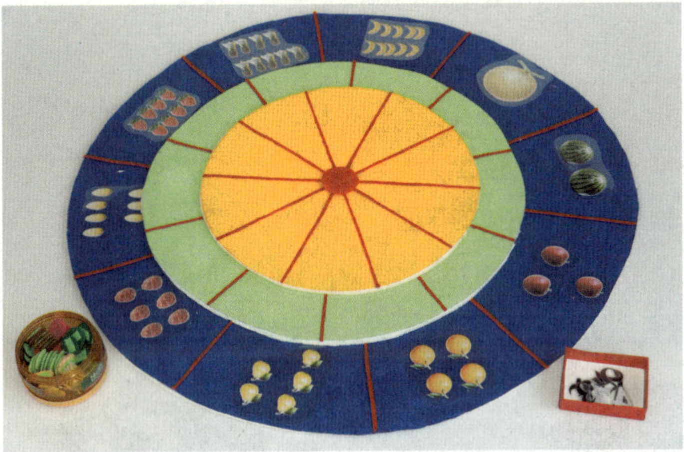

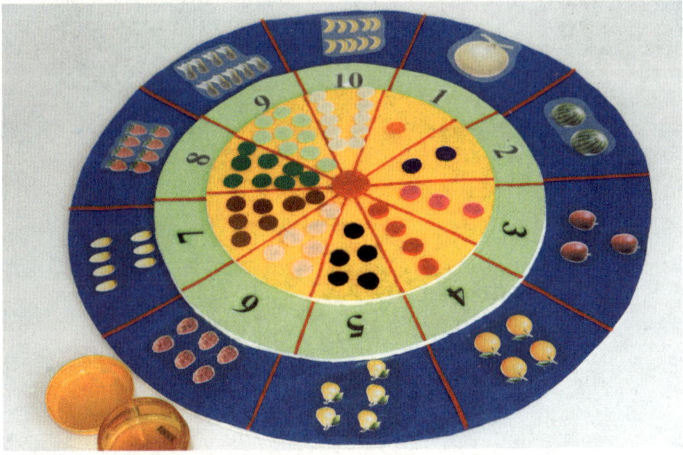

找车牌数字（中班）

目　标

✲能够将 6 以内的数字与相应数量的点数进行配对。

准　备

∴贴有车牌号数字的车三辆，贴有与车牌号相对应的点数卡停车位的停车场一个，停车位点数卡背面是与车牌号一样的答案卡。

玩　法

★根据停车场地板上的点数，将一辆玩具小汽车停入停车场，找出和小汽车车牌数字一致的停车位置。

★可以翻开停车场地板的背面，确认车牌数字和地板停车位置一致。

★将操作的结果填写到学习记录板上。

图　示

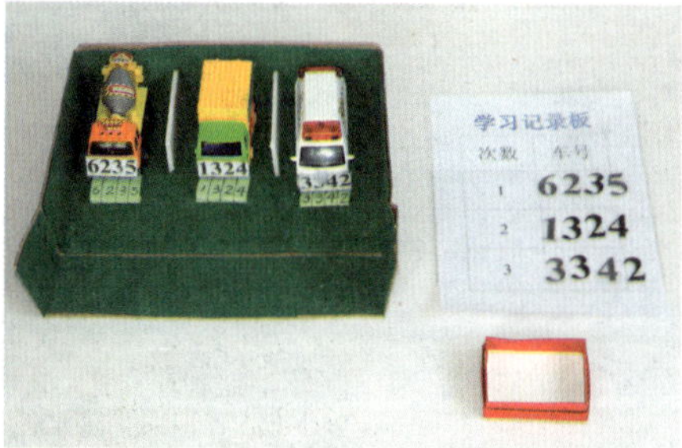

瓶盖游戏（中班）

目　标

✻能正确感知 10 以内的数，会比较 10 以内数字的大小。

准　备

∴自制瓶盖游戏底板一张，红色和白色瓶盖各 10 个，分别写上数字 1～10。

玩　法

★两个幼儿玩游戏，各自选择一种颜色的盖子，将盖子摆在对应的黑点上。

★用“剪刀、石头、布”的方式来决定翻盖的顺序，赢的幼儿先翻一个瓶盖，另一个幼儿再翻。

★比较翻开的瓶盖上的数字，数字大的吃掉数字小的。

★依次游戏，直到一方的盖子全被吃完，游戏结束。

★吃掉对方盖子多的一方获胜。

图　示

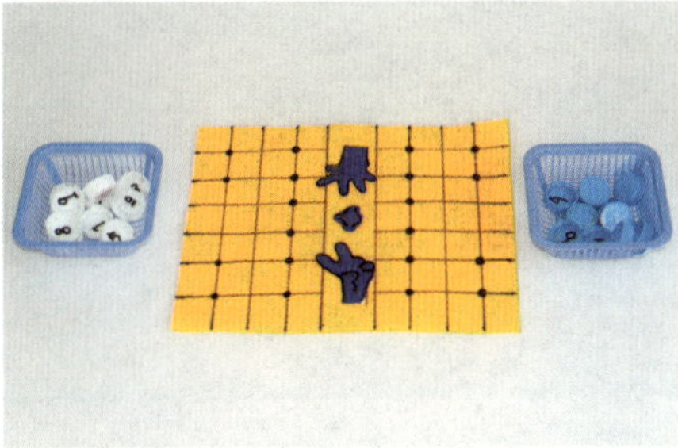

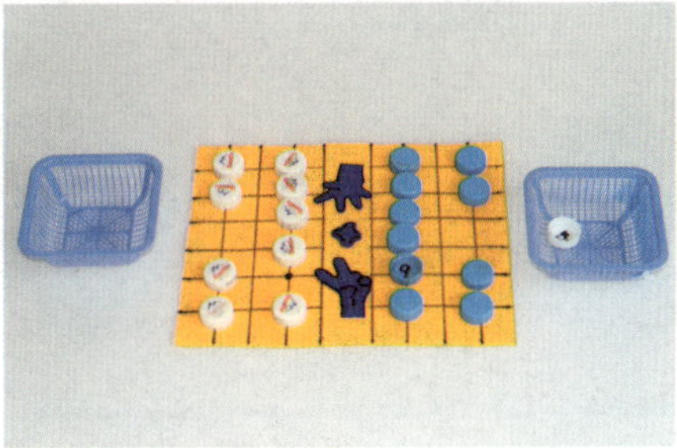

按大小、高矮排序（中班）

目　标

✲能用“大”“小”和“高”“矮”表述物体比较的结果，能按照物体的大小和高矮排序。

准　备

∴高矮不同的卷纸筒做成的树木四棵，KT板做的操作板一块，大小不同的花四朵。

玩　法

★将花朵按照从小到大的顺序在花茎上排序，并说说自己是按照什么规律排序的。

★将树木按照从矮到高的顺序在操作板上排序，并说说自己是按照什么规律排序的。

图 示

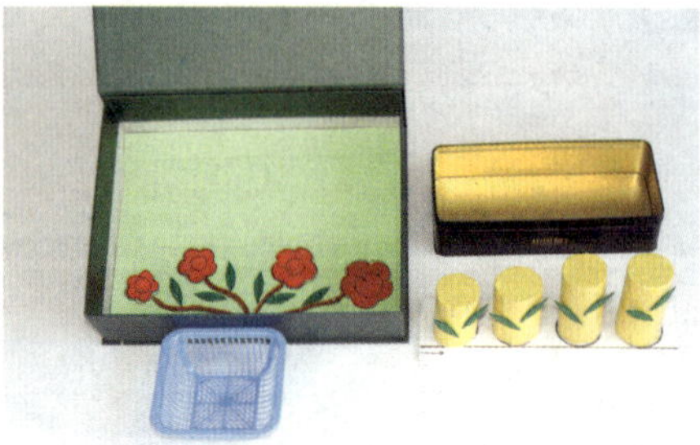

滚 珠 子（大班）

目 标

✲巩固 5 的组成分解，学习用数字、分合号记录分合结果。

准 备

∵玻璃珠五个，操作盒一个，记录单一张。

玩 法

★上下摆动盒子，观察每次珠子滚到两个小房子里的数量，分别记录在记录单上。

★记录下不同的结果。

图 示

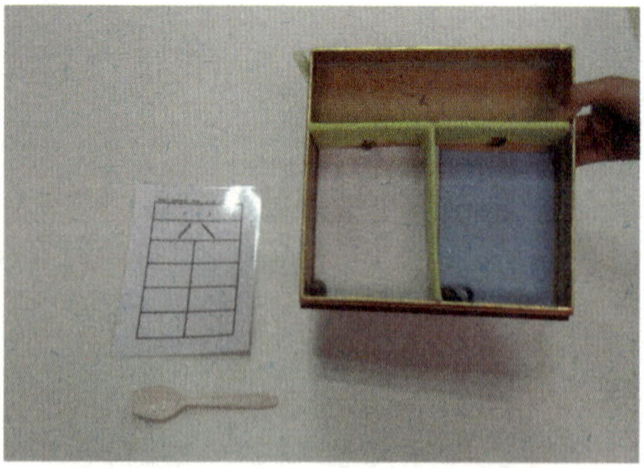

打保龄球（大班）

目　标

✲学习 6 的组成分解，并用数字、分合号记录分合结果。

准　备

⁘玩具保龄球一套，记录单一张，配有定点的、可开合的操作盒。

玩　法

★将小瓶子定点摆放好，取球滚击目标。

★观察倒下和站立着的小瓶子的数量，将每次击打后不同的结果记录在记录单上，感知 6 的组成分解。

图　示

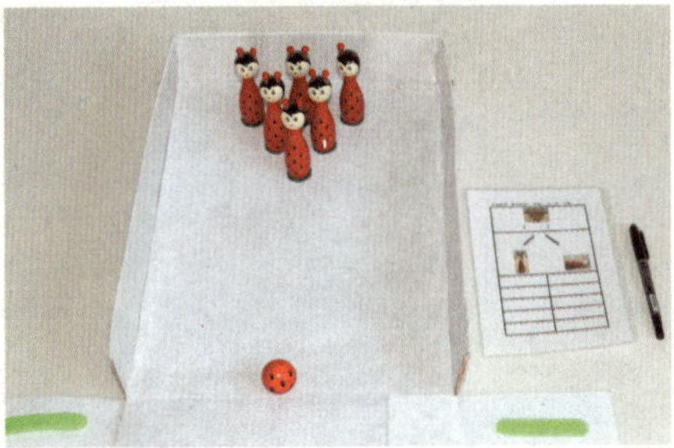

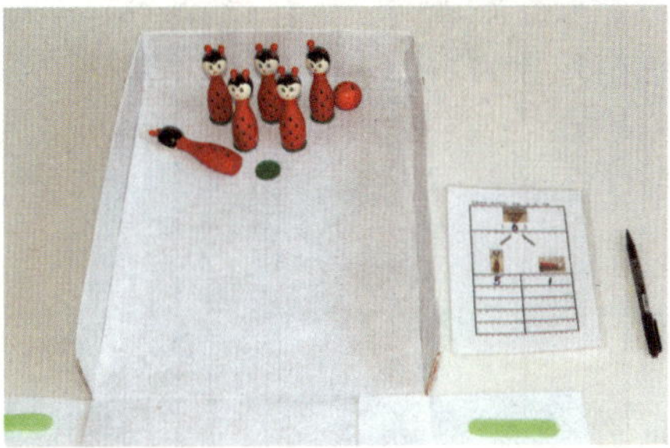

猫捉老鼠（大班）

目　标

✲巩固 7 的组成分解，学习用数字插卡表示分解结果。

✲感受和同伴之间合作游戏的快乐。

准　备

∵猫两只、老鼠七只，数字插卡 1～7，操作盒。

玩　法

★两名幼儿分别扮演两只猫，用“剪刀、石头、布”决定胜负，胜者可捉老鼠一只，反复进行，直至老鼠捉完。

★数一数各自捉到的老鼠有几只，选择相应的数字插卡，插在猫后面。

★一起说一说七只老鼠的分解结果。

★游戏反复进行，每次捉完老鼠都说一说 7 的分解结果。

★教师可以根据教学进度，调整提供的老鼠数量，投放在区域中。

图　示

甩 甩 乐（大班）

目　标

✲学习数字 8 的组成，能正确记录操作结果。

准　备

∵花绳子一串、记录单。

玩　法

★拿起花绳子在空中甩一甩，放下。

★观察绿色花和黄色花各几个，将不同的结果记录在记录单上。

图 示

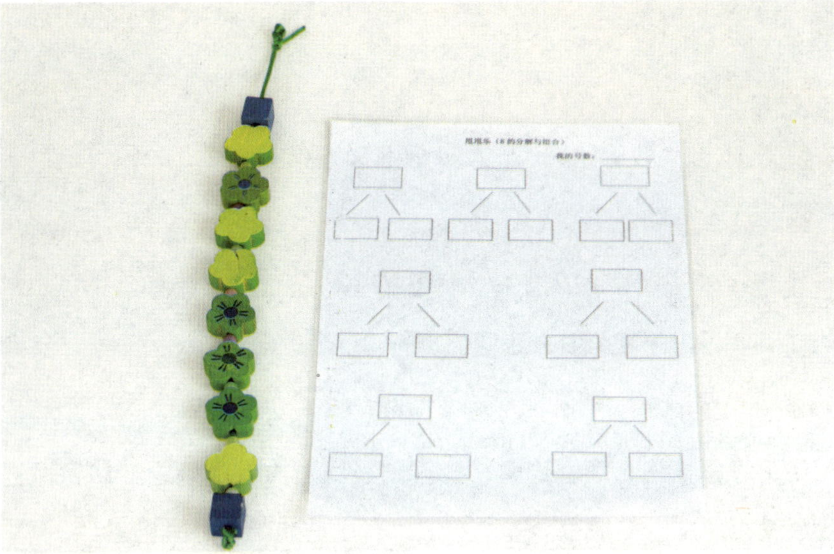

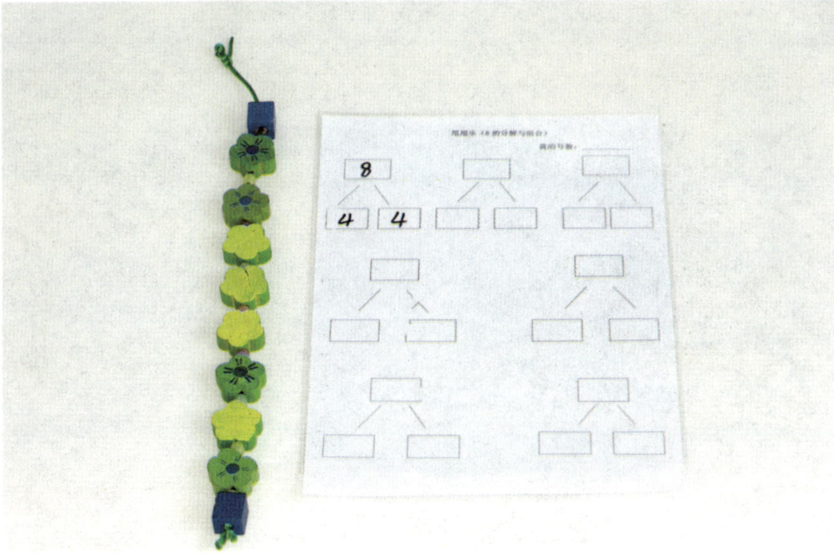

小猫钓鱼（大班）

目　标

✲复习 10 以内数的加减法，能快速准确地算出结果。

准　备

⁘身上分别列有 10 以内加减法算式的鱼数条，标志有“5”“6”“7”“8”“9”的桶五个，钓鱼竿两根，池塘情境一个。

玩　法

★使用钓鱼竿在池塘里钓鱼，计算出鱼身上算式的结果，然后将钓到的鱼放到写有相应数字的桶里。依此方法，直至把池塘里的鱼钓完。

★也可以和同伴一起合作钓鱼，看看谁钓得多。

图　示

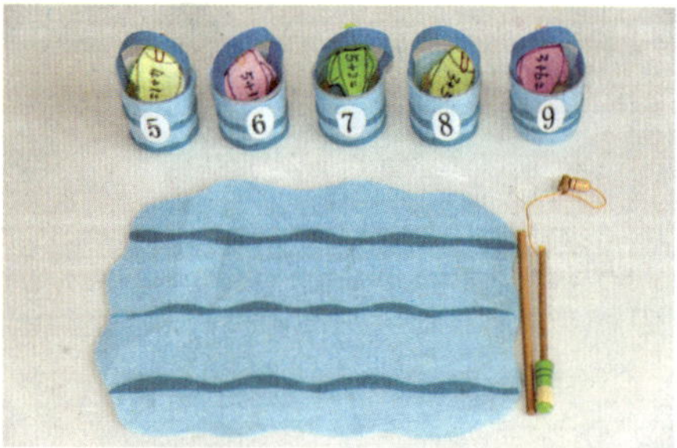

摘　香　蕉（大班）

目　标

✲复习 10 以内数的分解组成，熟练运用数字、分合号记录分合结果。

准　备

∴香蕉十根，香蕉树一棵，篮子两个，数字抽卡 6～10。

玩　法

★抽取一张数字抽卡，按数从筐中取相应数量的香蕉挂在树上。

★从树上摘香蕉分别放于两个筐中，记录下每次不同分法的结果。

图　示

珠子分一分（大班）

目　标

✲复习 10 以内数的组成分解。

准　备

∴7、8、9、10 分解组成的珠子操作板各一张，做成立体书一本；记录单。

玩　法

★将操作板上的珠子摆一摆、排一排，感知数的组成分解。

★说一说总数的分解结果。

图　示

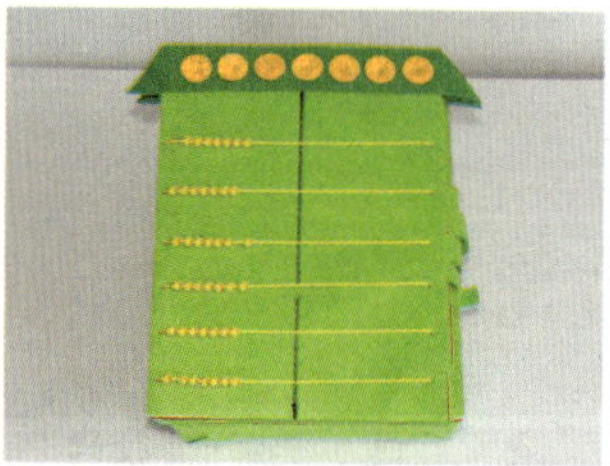

撒豆子（大班）

目　标

✲复习10以内数的组成分解。

准　备

✲撒豆子盘一个，花生八颗，大蒜七颗，黄豆六颗，记录单。

玩　法

★任意取一盒物品，数出总数，记录在记录单对应的位置。

★将取出的物品撒在盘子里。

★数一数盘子里圆圈内和圆圈外的数量，并记录不同的结果。

图　示

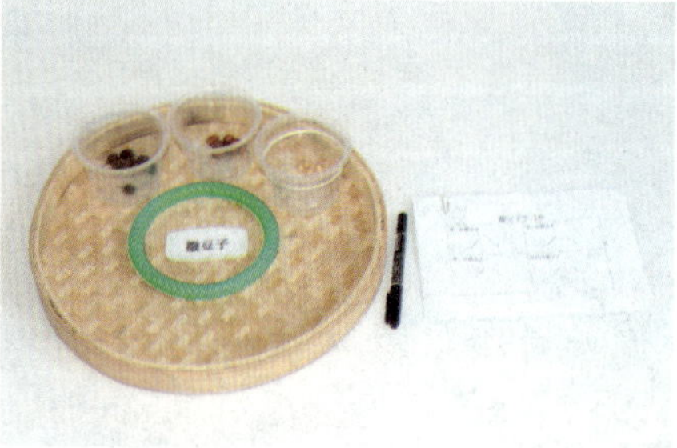

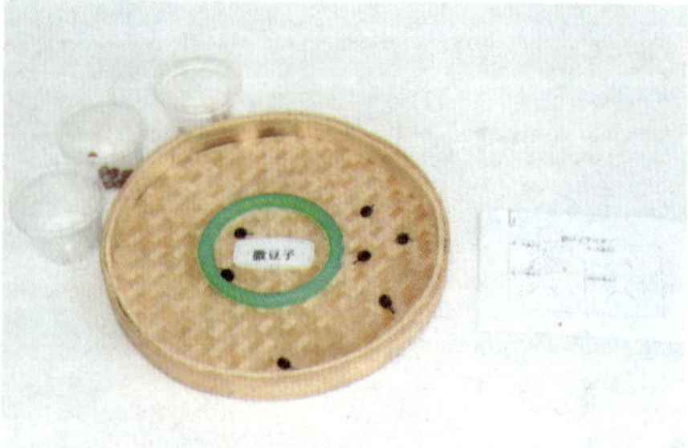

神奇的颜色（大班）

目　标

✻巩固 10 以内的单数和双数。

准　备

⁘自制单双数图卡若干。

玩　法

★任意取一张图卡。

★将单数或者双数涂上颜色。

★涂完后说说图上呈现的是什么图案。

图　示

层级分类（大班）

目　标

✻能按物体的特征进行层级分类，学习用数字对物品进行分类统计。

准　备

∵不同颜色形状的果子若干，用一个大快餐盒和六个小蛋糕盒制作的分类操作板一个，记录单。

玩　法

★观察篮子里的水果形状和颜色，然后分别按颜色和形状在操作板上给水果分一分、数一数，将结果记录在记录单上。

图　示

图形找家——二维分类（大班）

目　标

✲能按物体的两个特征进行分类。

✲能根据图形的二维特征找到操作板相应位置摆放好，并说一说它们的特征，如“黄色三角形”等。

准　备

∴摸箱一个，不同颜色形状的图形各一个，二维分类单一张。

玩　法

★从摸箱一次取出一个图形。

★观察摸出图形的形状颜色，对照记录单，找到相应位置摆好。

★核对答案。

图　示

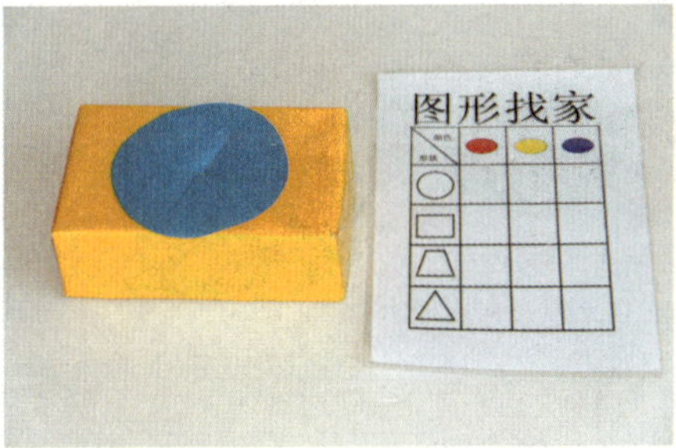

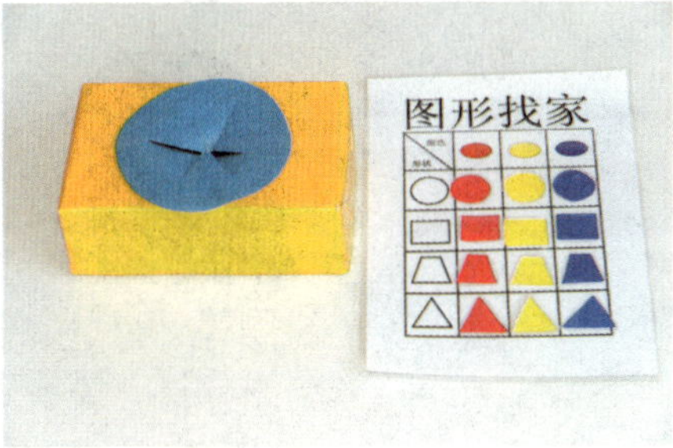

图形拼贴乐（大班）

目　标

✲能对照各种图形的阴影部分进行图形的组合拼摆，初步了解平面图形之间的简单关系。

准　备

∴黑色阴影的图形组合底版若干。

∴彩色的小图形，如小三角形、小正方形、小长方形、小扇形、小半圆形等。

玩 法

★取出彩色小图形，在底版的黑色阴影部分进行组合拼摆，使组合图形轮廓与黑色阴影外轮廓吻合。

★将图形拼摆成一幅美丽的图案，感受平面图形之间的简单关系。

图 示

美 工 区

美工柜介绍

技　法　柜

技法柜里放置的是包含排水画、泡泡画、油画棒画、彩胶棒画、盖印画、滴流画、喷画、刮画、滚珠画、拓印画、渲染画、擦印画在内的十二种自制技法盘，每种技法盘内放置包含该技法操作时所需的颜料、纸张、抹布、棒子、刷子、模板等材料，以及技法操作步骤图，幼儿拿到技法盘后就可依据操作步骤图提示开始操作。

辅助工具柜

辅助工具柜里主要放置剪刀、胶水、胶棒、双面胶、各种水彩笔、油画棒、勾线笔、泥工刀、棉签、排刷、围兜、各种纸张、毛根等各种幼儿操作过程中需要用到的辅助工具或材料，供幼儿自由取放、使用。

废旧材料柜

废旧材料柜按照需求分为以下两种。

1. 生活中的废旧物：废旧纸筒、纸盘、纸碗、纸杯、吸管、网袋、光盘、棉花、报纸、碎布和各种各样的瓶子或罐子（如酸奶瓶、可乐瓶、饮料瓶等）。

2. 一些自然物：贝壳、石头、松果、各种坚果壳（如花生、瓜子、开心果等）、蛋壳、各种豆类、树皮、玉米皮、小树枝等。

幼儿可根据自己的需要，自由取用。

基本技法

剪一剪（小班）

目　标

✲练习直线剪薯条。

准　备

∴画有直线的彩色纸、薯条盒、剪刀等。

玩　法

★拿剪刀按彩色纸的直线剪。

★把剪好的纸条装入薯条盒里。

图　示

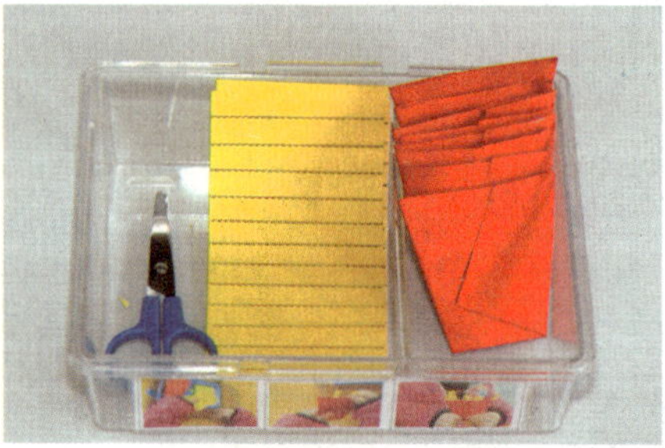

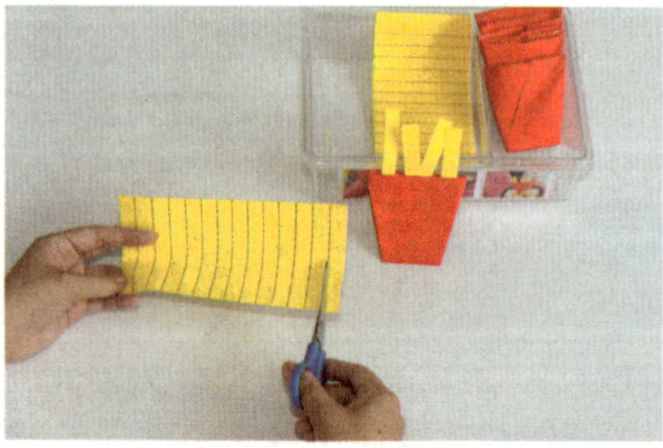

团纸粘贴（小班）

目　标

✲学习用团纸粘贴的技能装饰糖果。

准　备

∴固体胶棒、皱纹纸、各种图形的卡纸等。

玩　法

★将皱纹纸团成各种小球。

★将小球涂上固体胶。

★把小球粘贴在卡纸板上进行装饰。

图　示

撕　贴（小班）

目　标

✽练习撕纸、粘贴的方法。

准　备

∴蜡光纸、固体胶棒、纸盘等。

玩　法

★拿一张蜡光纸，撕成小片。

★涂上固体胶，粘贴在纸盘上进行装饰。

图　示

擦印添画（中班、大班）

目　标

✲学习用油画棒均匀涂抹海绵的方法。

✲练习用海绵在需要上色的模板内反复摩擦的技能。

准　备

∴各种图形模板、油画棒、海绵、油性笔或蜡笔纸。

玩　法

★取一张纸平放在桌子上。

★将所需颜色的油画棒均匀涂抹在海绵上。

★将模板放在需要的位置（也可用夹子固定好），用上好颜色的海绵进行反复擦印。

★组合并擦印好各种造型后，自行选择油性笔、蜡笔等其他工具进行添画、装饰。

图　示

彩胶棒画（小班、中班、大班）

目　标

✲学习用各种颜色的彩胶棒进行点画创作。

❋尝试用彩胶棒进行粘贴画制作。

准　备

⁘装有各色颜料的胶水棒（颜料和胶水比例为 1∶2）。

玩　法

★取出一张纸放在桌子上。

★取各种颜色的彩胶棒进行点画创作。

★也可用彩胶棒作底色晕染后添加上撕贴好的碎纸屑。

图　示

盖印画（小班、中班）

目　标

❋学习并掌握盖印画的方法。

❋尝试用不同图形进行组合盖印。

准　备

⁘不同形状的印版、纸张、浓彩颜料、小排刷。

玩　法

★取出印版，在上面刷上颜料。

★将刷好颜料后的印版盖印到纸张上。

★组合并盖印好各种造型后，自行选择其他工具进行添画、装饰。

图　示

滚珠画（小班、中班、大班）

目　标

✲能手眼协调地操作滚珠画材料。

✲愿意用不同颜色的玻璃珠进行混彩滚珠画。

准　备

⁘珠子、颜料、铁盒盖子等。

玩　法

★取一张空白的纸放置在盒盖上。

★用勺子舀出一颗沾满颜料的玻璃珠放置纸上，双手握着盒盖上下左右摇晃，滚动珠子，让颜料在纸张上形成各种彩色线条。

★按照自己的意愿选取不同颜色的玻璃珠进行滚珠画。

★将画好的作品晾干。

图　示

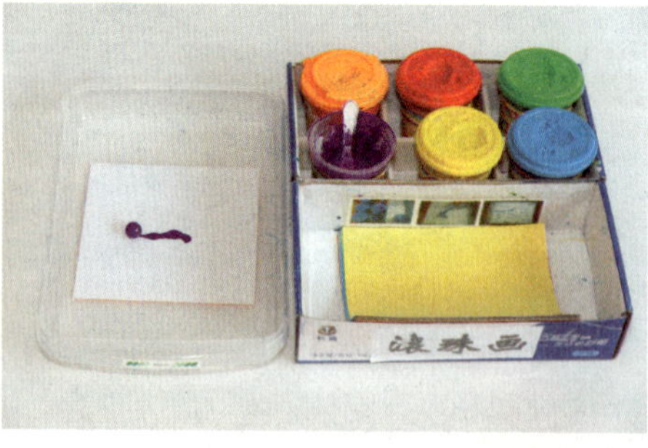

排水画（小班、中班、大班）

目　标

✲学习用排刷从左到右有序地平涂。

✲感知油画棒和水粉颜料不相溶所带来的特殊绘画效果。

准　备

∴蜡笔、淡彩颜料、小排刷。

玩　法

★用油画棒在画纸上按自己的意愿作画。

★再小排刷蘸调好水粉颜料从左到右有序地平涂。

★将完成的作品晾干。

图　示

拓印画（小班）

目　标

✲学习用圆形模板进行水彩拓印。

✲尝试用勾线笔进行添画。

准　备

∴红黄绿圆形模板、海绵刷、颜料盘、勾线笔、纸等。

玩　法

★取出纸放在桌上。

★取一块圆形模板，并取模板相应颜色的海绵刷沾上相应的水彩颜料进行拓印。

★取勾线笔在上面画上各种线条，进行装饰创作。

图　示

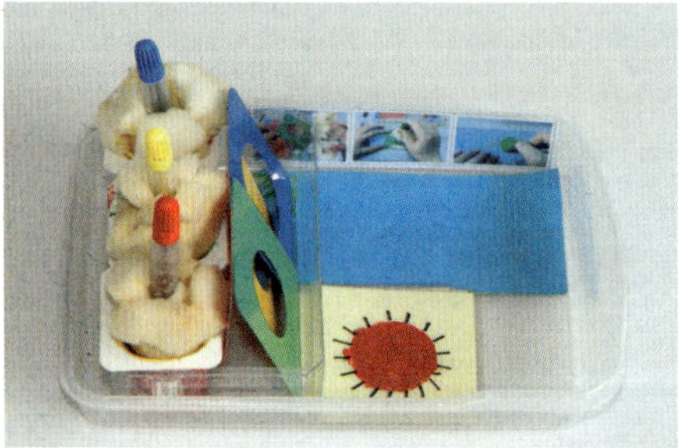

渲染画（中班、大班）

目　标

✽学习用纸巾或布制作渲染画的方法。

✽掌握用纸巾或布的不同位置沾染颜料的技能。

准　备

∴淡彩颜料、纸巾或布。

玩　法

★把纸巾或布对折成各种长方形、正方形、三角形等不同形状。

★变换不同角度，把纸巾或布的每一个角蘸上相同或不同颜色的颜料。

★最后再把纸巾或布打开晾干。

图　示

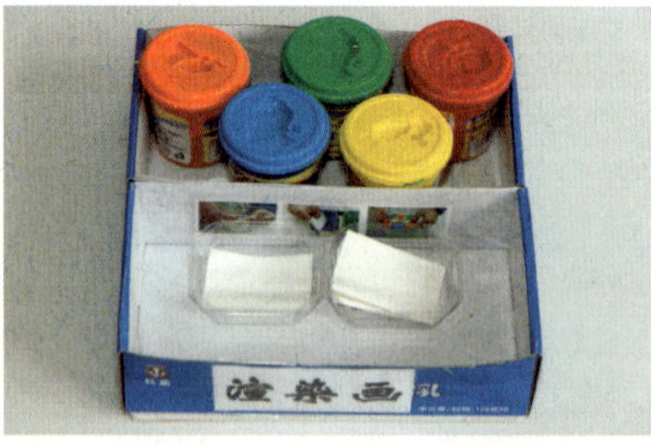

棉签点画（小班、中班）

目　标

✲能够用棉签蘸取不同颜色的颜料进行点画。

✲愿意参与棉签点画活动，体验创作的乐趣。

准　备

∴红、黄、蓝等颜料装入洗净的小塑料盒里，棉签若干、小手绢一条、半成品的底图若干。

玩　法

★幼儿按意愿取相应半成品的底图一张。

★在底图上进行棉签点画。

★结合其他技法进行装饰，把作品装饰得丰富一些。

图　示

汽车滚画（小班、中班）

目　标

✲学习把玩具汽车的轮子沾上颜料后在纸张上进行滚画的技能。

✲尝试运用不同颜色进行混彩。

准　备

✣纸张，红、黄、蓝等颜色的颜料，玩具小汽车。

玩　法

★拿玩具汽车在颜料盘上来回轮动，使车轮沾上颜料。

★把沾有颜料的汽车在纸张上滚动进行装饰。

★根据个人意愿用不同颜料进行混彩游戏。

图　示

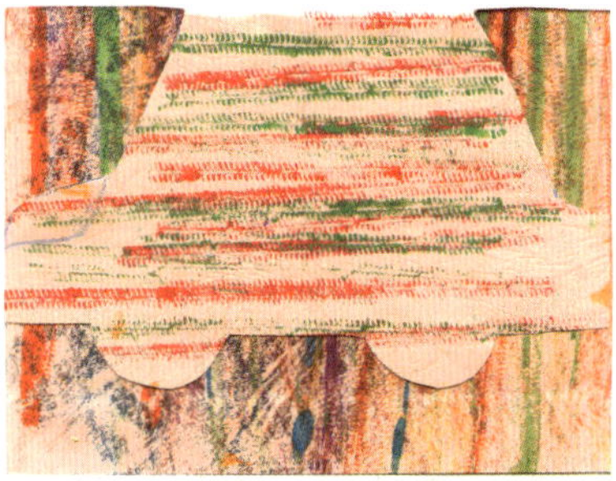

180 度平涂（小班、中班、大班）

目　标

✲会用油画棒进行 180 度平涂。

✲能够用平涂技法在纸杯、纸盒等不同材料上进行装饰。

准　备

✣各种彩色纸张、纸杯、纸盘、盒子等废旧材料，撕去包装外皮的油画棒等。

玩　法

★取出一张纸，选取自己喜欢的油画棒平放在纸上进行 180 度平涂。

★依次取出其他颜色的油画棒进行重叠混色涂画。

★根据需要在纸杯、纸盘等不同材质上进行 180 度平涂的技能装饰。

图　示

90 度点画（小班、中班）

目　标

✲学习用油画棒束进行 90 度点画的技能。

准　备

⁘画纸，油画棒 2～3 色一组用橡皮筋捆绑成束，纸等。

玩　法

★取捆绑好的油画棒束在纸上进行 90 度点画装饰，要求落笔时力度应均匀。

★根据需要，依次取出其他颜色的油画棒束进行重叠点画装饰。

图　示

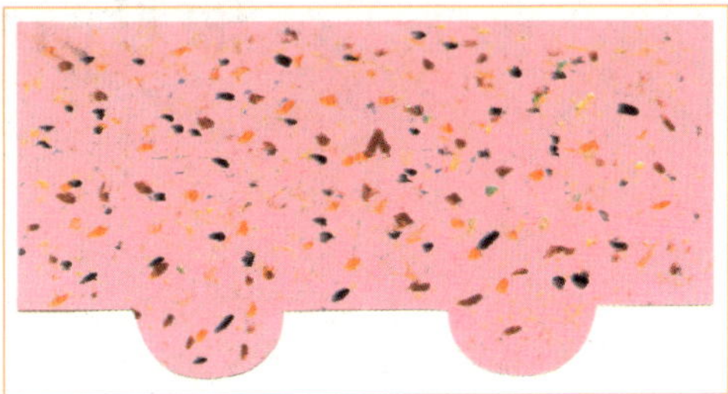

滴流画（小班、中班、大班）

目　标

✲掌握用毛刷在纸上均匀刷上清水的方法。

✲尝试用毛刷沾上淡彩在刷有清水的纸上进行滴流创作。

准　备

∴各种颜色的淡彩颜料，毛刷、清水、纸等。

玩　法

★取出一张纸放在工具盘里。

★用毛刷蘸上清水在纸上均匀地涂刷。

★用毛刷蘸上各种颜色的淡彩。

★双手摇动工具盘，进行自由创作。

图　示

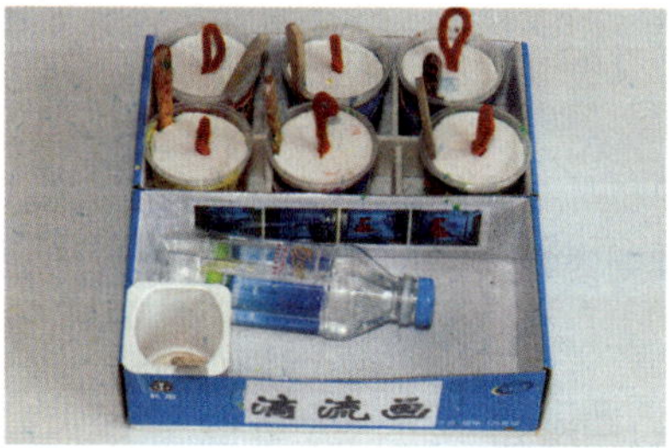

油彩刮画（大班）

目　标

✲掌握用油画棒均匀涂色的技巧。

✲学习制作油彩刮画，体验艺术创作的乐趣。

准　备

∴油画棒、浓彩颜料、小排刷、刮画棒。

玩　法

★用油画棒在纸上涂上色块。

★用小排刷蘸颜料从左到右有序地平涂。

★用刮画棒刮出图案。

★将完成的作品晾干。

图　示

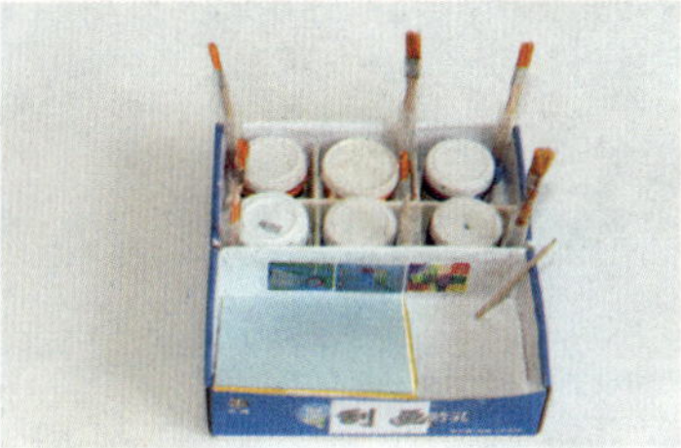

泡泡画（中班、大班）

目　标

✲用吸管在装有颜料的洗洁液里吹出泡泡，并知道不往嘴里吸。

✲学习把吹出的泡泡印在纸上的技能。

准　备

∵装有各色颜料洗洁液（颜料、洗洁精、水的比例是1∶1∶2）的杯子，吸管、纸等。

玩　法

★取一根吸管往装有各色洗洁液的杯子吹出不同大小的泡泡。

★取出纸，把泡泡抹在上面进行自由创作。

图　示

步骤图

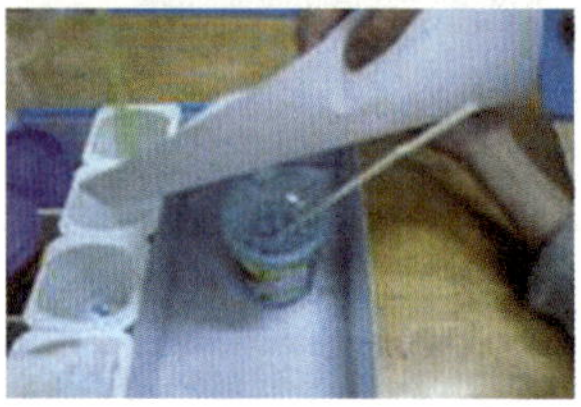

喷　画（大班）

目　标

✲学习使用喷壶对准图形模板进行图形喷画。

✲尝试对喷画作品添画、装饰。

准　备

∴不同形状的图形模板，纸张、彩色颜料、小喷壶。

玩　法

★取出图形模板，将模板覆盖在纸张上。

★将调好颜料的喷壶对准图形进行喷射。

★组合各种造型后，自行选择其他工具添画、装饰。

★将完成的作品晾干。

图　示

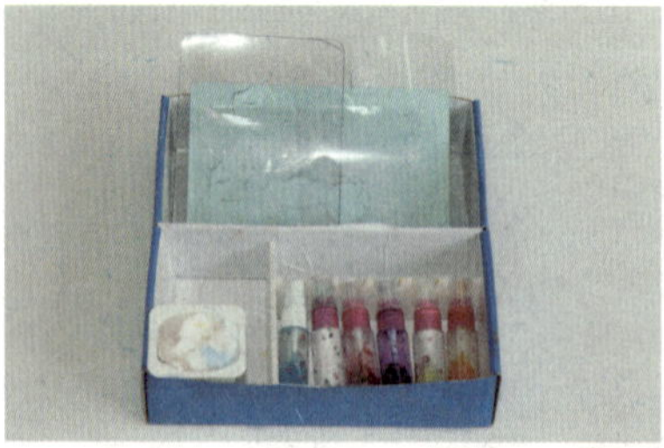

凸面拓印画（小班、中班、大班）

目　标

✽学习用油画棒在各种凸面图案上进行拓印。

✽尝试进行组合拓印作画。

准　备

∴各种图形模板、油画棒、纸等。

玩　法

★取出纸夹在轮廓模板上，用油画棒在上面拓印。

★取所需图案模板进行组合拓印，也可运用其他技法进行添加装饰，形成一幅作品。

图　示

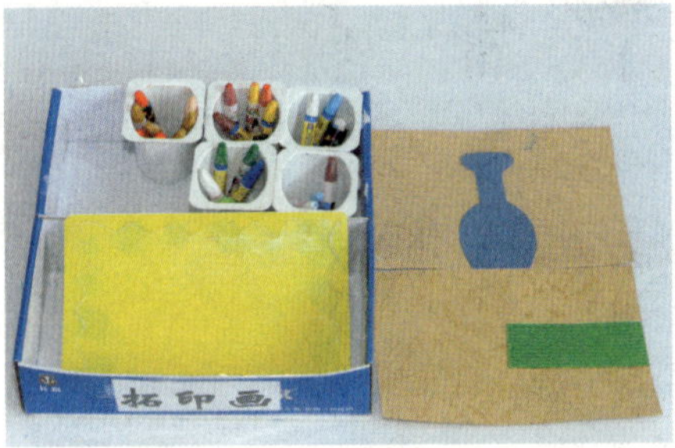

两种技法的叠加（中班、大班）

擦印画＋线描画

目　标

✽掌握模板组合擦印画的方法。

✽在擦印好的作品上进行线描添画。

准　备

∵各种图形模板，油画棒、海绵棒、纸、勾线笔等。

玩　法

★取一张纸放在桌子上。

★将模板放在需要的位置，用夹子夹好。

★取出油画棒在海绵上均匀上色，用涂上颜色的海绵进行擦印。

★组合并擦印好各种造型后，用线描画的方式装饰。

图　示

彩胶棒画＋撕贴

目　标

✽用各种颜色的彩胶棒进行创作点画。

✽按照意愿在彩胶棒画上进行撕贴。

准　备

∵装有各种颜色颜料的胶水棒（颜料和胶水比例为 1∶2），蜡光纸、固体胶棒等。

玩　法

★取出一张纸放在桌子上。

★取各种颜色的彩胶棒进行点画创作。

★拿一张蜡光纸撕成小片。

★涂上固体胶，粘贴在纸上进行装饰。

图　示

盖印画＋线描画

目　标

✽掌握盖印画的技巧。

✽尝试运用粗细不同的笔在盖印画上线描。

准　备

∴不同形状印版，纸、浓彩颜料、小排刷等。

玩　法

★取出印版，在上面刷上颜料，注意颜料的浓度。

★将刷好颜料后的图形盖印到纸上。

★组合并盖印好各种造型后，用线描画添画、装饰。

图　示

滴流画＋手指点画

目　标

✲掌握滴流画的技巧。

✲能运用手指在半干的滴流画上点画出不同的图案。

准　备

∴各种颜色的淡彩颜料，吸管、印泥、纸等。

玩　法

★取出一张纸放在工具盘里。

★用吸管蘸少量淡彩颜料，滴在纸上。

★双手摇动纸张，进行自由创作。

★用手指点画的方式添画。

图　示

三种技法的叠加（大班）

对称剪＋揉贴＋线描画

目　标

✽掌握正确使用模板印画及沿轮廓剪的技能。

✽学习揉贴的技能。

准　备

∵各种形状的模板，彩色纸、勾线笔、剪刀、胶棒、皱纹纸等。

玩　法

★取出模板后，找相应大小的纸张对称折。

★沿着模板的边沿将形状临摹下来。沿着边框将图形完整剪下。

★拿皱纹纸团成各种小球。把小球涂上固体胶，粘贴在图形上。

★用勾线笔进行添画、装饰。

图　示

拼贴＋油画棒画＋线描画

目　标

- 能沿轮廓剪、撕弧线和直线后进行拼贴。
- 用油画棒在各种图片的底图上涂色。
- 用线描画的方法添加相关景物，丰富背景。

准　备

- 各种图片的模板，勾线笔、剪刀、胶水、油画棒、纸等。

玩　法

- ★取出模板，找相应大小的纸张对称折。
- ★沿着模板的边沿形状临摹剪下来。
- ★利用各种图形进行设计、拼摆、粘贴。
- ★使用油画棒在底图上涂色，线描添画，丰富作品。

图　示

手指点画＋线描画＋剪贴

目　标

✼掌握手指点画的技能。

✼尝试运用粗细不同的笔进行线描。

✼能用剪刀沿着图案外形剪。

准　备

∴彩色纸、印泥、胶水、勾线笔、剪刀等。

玩　法

★用手指点画的方式进行创作。

★用勾线笔在另外的彩色纸上画出图案。

★用剪刀将图案剪下来，将图案贴到手指点画纸上。

图　示

幼儿美工作品欣赏

主题探究活动区域墙面创设

我爱小动物（小班）

操作区：装扮小动物

制作材料

套圈玩具、KT板、万通板、不织布、四只动物玩偶、保丽龙球、吸管、纸盒、大小不一的动物衣服等。

制作步骤

1. 制作小兔剪影内的操作材料。

（1）用白色 KT 板割出小兔的外形，用灰色万通板嵌出立体边。

（2）用 KT 板做出两层隔层，用保丽龙球在两边做出四个小动物玩偶的窝。

（3）在两个隔层的中间贴上粘钩，并用一次性筷子和吸管做出衣架。动物的衣服挂在粘钩上。

2. 制作小兔剪影外的操作材料。

（1）用白色 KT 板割半圆做隔层，并用绿色不织布包边。

（2）用塑料瓶做小动物，在小动物的嘴巴处打洞。

（3）用纸盒做三个小动物的家，并在盒子上打洞。

（4）在三个盒子旁边贴上放材料的瓶子。

互动方式

玩法一：先挑选要装扮的动物玩偶，并选择适合动物玩偶的衣服；根据衣服的设计，练习拉、穿、扣等小肌肉动作。

玩法二：从第二个隔层中取出套圈玩具，并在隔层上套圈，给动物玩偶做项链，完成之后套在玩偶的脖子上。

玩法三：根据纸盒旁的材料和提示，玩“关住小动物”的游戏，用吸管、不织布圆圈、回形针关住小动物，练习勾、粘、插等技能。

玩法四：根据动物嘴巴的大小给小动物喂食绿豆和大米，一次只能喂一粒，练习按的技能。

益智区： 轨道喂食

制作材料

透明塑料管、白色即时贴、灰色万通板、透明一次性杯子、磁珠、U形强力磁铁棒、灰色不织布、小动物卡片、食物卡片等。

制作步骤

1. 制作小猫剪影内的操作材料。

（1）用白色KT板割出小猫的外形，用灰色万通板嵌出立体边。

（2）在小猫内部贴上白色即时贴做底，方便二次利用。

（3）用透明塑料管绕出五条轨道，并在轨道开头贴上装图片的吸管，在轨道的末尾贴上放磁铁的一次性杯。

（4）将打印好的小动物卡片（小猫、小狗、小兔、小青蛙、小鸡）随意插在五根吸管中。

2. 制作小猫剪影外的操作材料

（1）用灰色不织布剪出小动物的形状（扣除尾巴），贴在墙上的左侧。

（2）用灰色不织布剪出小动物的尾巴形状，贴在墙面右侧，并嵌上管子。

（3）在右侧的不织布上分别打洞，用绳子绑上小动物的尾巴图片，做连线游戏。

互动方式

玩法一：先从盒子拿出磁珠，投放在塑料管中，用U形磁力棒将磁珠滚到塑料杯中，根据选择的塑料管上动物的图片，在塑料杯中插入相对应小动物应该吃的食物，依次进行游戏。

玩法二：按照墙面上小动物的影子，从盒子里拿出相对应的图片贴上，再根据小动物图片找出它的尾巴，进行连线。

美工区：动物总动员

制作材料

纸盒、白色 KT 板、纸巾、灰色万通板、丙烯颜料、喷壶、白乳胶等。

制作步骤

1. 将白色 KT 板平铺在背景墙上，在 KT 板上均匀地刷上白乳胶，用餐巾纸揉皱后粘在 KT 板上。

2. 用灰色万通板及纸盒嵌出名画——《甘苦岛》。

3. 用丙烯颜料和喷壶喷出粉色、淡蓝、淡绿色调。

互动方式

玩法一：把幼儿在美工课上制作的作品及美工区里制作的作品放置在层板上。

玩法二：在作品墙上增加幼儿作品。

蓝色的大海（中班）

美工区：蓝色的大海

制作材料

白色 KT 板、丙烯颜料（钴蓝色、天蓝色、白色等）、纸盒等。

制作步骤

1. 制作深海：将刷上钴蓝色和白色丙烯颜料的 KT 板铺满墙，作为深海。

2. 制作第一层海浪：将白色 KT 板割成波浪型，刷上天蓝色的丙烯颜料，然后沿着墙面的三条边缘贴上，贴之前在 KT 板与墙面之间垫上盒子。

3. 制作第二层海浪：用白色 KT 板割成波浪型（比第一层的海浪窄一些），然后刷上天蓝色和白色的丙烯颜料，贴在第一层海浪上，两层海浪之间也用盒子撑起来，制造出由浅海到深海的视觉效果。

互动方式

玩法一：两层海浪及深海都可以粘贴幼儿的作品。

玩法二：第一、二层海水上可以用垂挂的方式展示幼儿的立体作品。

数学区：海底闯关探宝

制作材料

磁性贴、KT板、丙烯颜料（蓝色、黄色）、报纸、万通板、无纺布、海底生物的卡通图片等。

制作步骤

1. 制作海滩背景：将 KT 板铺满墙面，然后将揉皱的报纸粘贴在 KT 板上（要贴满），用蓝、黄色丙烯颜料将报纸刷成海洋及沙滩的颜色（接近地面沙滩处刷黄色，高处刷蓝色）；将白色万通板割成波浪型，立在地面上（与墙面隔开一定距离），在万通板与墙面之间铺上沙子，放上海螺、贝壳等，制作成沙滩。

2. 制作礁石迷宫：将磁性贴剪成礁石状和长条状，用长条磁性贴连接四块礁石磁性贴制作成迷宫，再制作珊瑚和海草装饰礁石。

3. 制作章鱼：将万通板割成章鱼的形状，再用无纺布剪若干不同颜色的小圆贴在章鱼的触角上（当作章鱼的吸盘）。

4. 制作闯关道具：收集各种海洋动物的图片，在图片背后加上磁性贴（使其可吸附在磁性礁石上，以便操作），放置在地面沙滩的小桶里。

5. 制作灯塔：利用万通板制作灯塔，再将无纺布做成的两张藏宝图放入灯塔中。

互动方式

先从灯塔中取出藏宝图，根据藏宝图的路线进行操作。

第一关：掷骰子，根据骰子上的数字选择题卡完成任务——按数取物、图形组合等。

第二关：掷骰子，根据骰子上的数字选择题卡完成任务——按物体的大小和颜色进行有规律的排序。

第三关：根据物体的名称进行分类。

第四关：掷骰子，根据骰子上的数字进行按数取物。

第五关：掷骰子，根据骰子上的数字选择题卡完成任务——按照 ABB、ABC、AABB 等规律进行排序。

最后到达终点，从宝盒中取出宝藏。

科学区： 有趣的海底

制作材料

绿色万通板、薄膜、大小磁铁、幼儿画的海洋动物若干、勾线笔等。

制作步骤

1. 制作海滩背景：将KT板铺满墙面，然后将揉皱的报纸粘贴在KT板上（要贴满），用蓝、黄色丙烯颜料将报纸刷成海洋及沙滩的颜色（接近地面沙滩处刷黄色，高处刷蓝色）；将白色万通板割成波浪型，立在地面上（与墙面隔开一定距离），在万通板与墙面之间铺上沙子，放上海螺、贝壳等，制作成沙滩；将打印好的海洋动物背后贴上磁铁，投放到沙里。

2. 制作水草操作材料一。

（1）将绿色的万通板割成水草的形状，再错落地粘贴到墙面的海滩背景上。

（2）将薄膜卷成筒状，用透明胶粘贴好，筒的一端用白色的纱网包裹，将泡沫刮成颗粒状，投放到筒中。

（3）将薄膜筒粘贴到水草底座上。

（4）将不织布剪成细条做刻度，将幼儿画的海洋动物剪下来过塑，过塑好后粘贴在夹子上，夹在刻度上。

（5）在骰子上面贴上嘴巴和扇子的图案。

3. 制作水草操作材料二。

（1）将绿色的万通板割成水草的形状再错落地粘贴到墙面的海滩背景上。

（2）让幼儿在薄膜上画画，然后将薄膜卷成筒状，用透明胶粘贴好，筒的一端用白色的纱网包裹，粘贴到水草底座上。

（3）在幼儿自制的小鱼背面贴上小磁铁，投放在薄膜筒中。

4. 制作"寻找海洋动物"操作材料：收集海洋动物图片，每种动物准备一张大图片和一张小图片，将小图片粘贴在墙面海滩背景的各角落，再用蓝色不织布剪成长方形后将大图片贴在里面，盖起来，粘贴在地面的波浪型白色万通板上。

互动方式

玩法一："水草操作材料一"可让幼儿比赛谁吹得又高又快。两名幼儿以

“石头、剪刀、布”的形式比输赢，赢的幼儿先掷骰子，掷到的那一面显示什么图案（嘴巴或扇子）就根据图案提示，用嘴吹或扇子扇，使薄膜筒中的泡沫飞起来，谁的泡沫飞得高，谁就赢了。

玩法二：“水草操作材料二”的薄膜筒中投放带有磁铁的鱼，两名幼儿比赛，从篮子里取出 U 形磁铁放在薄膜筒底端，吸附着鱼从底端“游”到顶端，从顶端取走小鱼，看谁在相同时间里取走更多鱼。

玩法三：从篮子里取出放大镜，观察墙面上贴的小图片是什么动物，然后翻开蓝色不织布找出相应的动物，粘贴在小图片旁。

玩法四：从篮子里拿出条形磁铁，在沙子里寻找什么可以吸什么不能吸。

玩法五：幼儿可两两合作，共同完成所有操作。

操作区：装饰海洋动物

制作材料

白色 KT 板，白色万通板，粉色和黄色的绸带若干，三个螺丝和螺母，绿色和黄色的布条若干，皮筋若干，黄色和绿色的圆形不织布若干，各种回形针若干，卷纸芯、暗扣、毛根等。

制作步骤

1. 制作海滩背景：将白色 KT 板铺满墙面，然后将揉皱的报纸粘贴在白色 KT 板上（要贴满），用蓝、黄色丙烯颜料将报纸刷成海洋及沙滩的颜色（接近地面沙滩处刷黄色，高处刷蓝色）；将白色万通板割成波浪型，立在地面上（与墙面隔开一定距离），在万通板与墙面之间铺上沙子，放上海螺、贝壳等，制作成沙滩。

2. 制作小鱼：用白色万通板割成鱼的外形，再用丙烯颜料勾画鱼的边沿，装饰鱼尾、鱼鳍。用黑色毛根做鱼的眼睫毛，用银色毛根做鱼鳞，最后将三个螺丝粘贴在鱼的尾巴上。

3. 制作乌龟：用白色万通板割成乌龟的外形，再用丙烯颜料装饰乌龟的身体。乌龟的壳用废旧的卷纸芯来装饰，先将卷纸芯切成对半，再粘上去，让幼儿将卷纸芯的边缘刷上黄色和绿色。将暗扣凸起的一边贴在黄色和绿色的布条上，完成后再把它粘贴到乌龟壳的边缘。

4. 制作水母：用白色万通板割成水母的外形，然后用不织布、纸杯等装饰水母。将银色的毛根粘贴在水母触角的最上端。

互动方式

玩法一：选不同颜色的绸带，在小鱼身上进行装饰，练习绑带子；从篮子里取出螺母，然后用大拇指和食指按顺时针进行旋转，按顺序把鱼的尾巴装饰好。

玩法二：可任选不同颜色的布条进行卷布条练习，再用皮筋套住，最后塞进卷纸芯内，装饰乌龟；根据乌龟壳边沿圆形布块的颜色，从篮子里取出相应颜色的布块进行摁压。

玩法三：可任选颜色不同的回形针，练习从上到下别回形针，装饰水母的触角。

玩法四：可两两合作，共同完成所有操作。

中　国　美（大班）

语言区：书院

制作材料

纸箱、卷纸芯、泡沫、草席、瓦楞纸、鞋盒、蓝印花布、灰色 KT 板、白色 KT 板、白色万通板、薄膜等。

制作步骤

1. 纸箱底部放上积木，包好，用废旧草席和瓦楞纸装饰，再用卷纸芯和泡沫做皮影戏台的顶棚。

2. 选择大小不一的鞋盒，将蓝印花布包在鞋盒和白色万通板的周围，错落有致地贴在墙上。

3. 用纸盘和薄膜做壁灯，贴在灯柱上。

4. 用灰色、白色 KT 板做屋顶，将幼儿在薄膜上画的线描画张贴在屋顶上。

5. 收集有关中国主题的各类书籍置于鞋盒书架上，并将打印好的图片（手影、皮影）分类，分别放在皮影戏台周围。

互动方式

玩法一：从皮影戏台后取出皮影进行操作，请观众欣赏。

玩法二：直接在皮影戏台后表演手影，创编故事。

玩法三：可以从鞋盒书架上取出不同的主题书籍进行阅读，阅读后将其归类放好。

科学区：印刷术与造纸术

制作材料

大纸箱两个、红白灰三色 KT 板、纸柱、红色花布、胶枪、薄膜、泡沫、积木、软泡沫、子母贴、脸谱面具、鱼线、蛋糕盒、丙烯颜料等。

制作步骤

1. 两个大纸箱置于墙上，一个正面朝外，一个反面朝外，反面的包上红色 KT 板，正面的涂上白色丙烯后用薄膜蒙上，在底部放置红色花布装饰。

2. 用灰色 KT 板和纸柱做屋顶，请幼儿在蛋糕盒上画线描后在里面涂上白色丙烯做瓦片装饰。

3. 在积木上用胶枪描出汉字字形做成阳文印；在泡沫和软泡沫上抠出字形做成阴文印，包上红色花布；将字模用子母贴贴在红色的版面上。

4. 割几个白色 KT 板方块，请幼儿在脸谱面具上用丙烯描绘出戏剧脸谱造型，用鱼线吊在白色纸箱内。

5. 打印毕昇的活字印刷介绍贴在红色版面上，将蔡伦造纸的介绍贴在白色版面上。

互动方式

玩法一：从活字印刷版面上取下字模，将其排列好，刷上颜料后取张白纸印在上面，感受活字印刷术的神奇。

玩法二：直接在活字印刷版面上进行操作，在字模上刷上颜料，比较阳文印和阴文印的不同。

玩法三：从造纸版面上取下面具，在里面垫上薄透明塑料袋后铺上废旧报纸和胶水混合成的纸浆，晾干后制成新面具，用丙烯颜料描画京剧脸谱。

操作区：走遍中国

制作材料

喷绘地图、单个小灯泡、灰色 KT 板、瓦楞纸、灰色丙烯颜料、黑白两色即时贴、吸管、幼儿画的小火车、部分省界卡、骰子、名胜古迹照片、数

字等。

制作步骤

1. 将单个小灯泡镶嵌到喷绘地图上面积较大的省份上，面积比较小的省份用泥工板剪出其轮廓，装在不织布袋子里。

2. 用黑白两色即时贴围绕喷绘地图做成轨道，将打印数字和回形针贴在每一格铁轨上，贴上起点和终点的标志。

3. 用灰色 KT 板做屋顶，在瓦楞纸上涂上灰色丙烯颜料，卷成瓦片的形状，张贴在屋顶上。

4. 割几个灰色 KT 板方块，将各省的著名景点和风俗特产的图片用大小吸管套插在邻近的方块上。

5. 将幼儿画的小火车插在起点处。

互动方式

玩法一：可以由两名幼儿一起下中国棋。用猜拳的方式决出先开的一列小火车，再看看投出的骰子的点数，按该数字前进，在地图上寻找相对应的省、市、自治区。若找到的是面积较大的省份，要摁亮小灯泡，找出该省市的著名景点及风俗特产的图片，插到地图上的相应位置；若找到的是面积较小的省市，则要找出与其轮廓相一致的泥工板，沾水后贴到喷绘地图上。

玩法二：幼儿也可自定规则进行游戏，如有的格子里标示可以前进几步，有的格子里标示应退后几步，照规则进退。

数学区：铺墙砖

制作材料

灰色 KT 板、纸杯、吸管、打印数学相邻数等题目及答题卡、不织布、子母贴等。

制作步骤

1. 在一次性杯子上画上线描图案，依次贴在屋顶上。

2. 在灰色 KT 板上画出墙砖，随意镂空出不规则造型，并将取下来的部分分成大小不一的几块，此为镶嵌墙。

3. 用灰色 KT 板割出长方形，做成可掀起和不可掀起两种墙砖。依次贴在墙上后，在可掀起的墙砖下藏入题目，最底下一排插上两面红旗，作为起始标志。

互动方式

玩法一：在区域旁边的不织布袋子里取出墙砖拼摆、镶嵌到空白处。

玩法二：两名幼儿通过猜拳、掷骰子、答题比赛看谁先到达终点。

玩法三：幼儿自己设计，选用不同颜色的不织布，在“墙面”（长方形底格）上有规律地铺设图案。